CONSTRUINDO UM NEGÓCIO MELHOR COM A UTILIZAÇÃO DO MÉTODO LEGO® SERIOUS PLAY®

Per Kristiansen
Robert Rasmussen

DVS EDITORA

www.dvseditora.com.br
São Paulo, 2015

**CONSTRUINDO UM NEGÓCIO MELHOR
COM A UTILIZAÇÃO DO MÉTODO LEGO® SERIOUS PLAY®**

Copyright © 2015 - DVS Editora. Todos os direitos para a língua portuguesa reservados pela editora.

**BUILDING A BETTER BUSINESS
USING THE LEGO® SERIOUS PLAY® METHOD**

Copyright © 2014 by Per Kristiansen, Robert Rasmussen. All rights reserved.

This translation published under license with the original publisher John Wiley & Sons, Inc.

LEGO and SERIOUS PLAY are trademarks of the LEGO Group, © 2014 The Lego Group.

Este livro não foi aprovado, autorizado ou endossado pelo grupo LEGO.

Nenhuma parte deste livro poderá ser reproduzida, armazenada em sistema de recuperação, ou transmitida por qualquer meio, seja na forma eletrônica, mecânica, fotocopiada, gravada ou qualquer outra, sem a autorização por escrito da editora.

Desing da capa: C. Wallace
Diagramação: Konsept Design e Projetos
Tradução: Flora Alves

Dados Internacionais de Catalogação na Publicação (CIP)
(Câmara Brasileira do Livro, SP, Brasil)

Kristiansen, Per
　　Construindo um negócio melhor com a utilização do Método Lego® Serious Play® / Per Kristiansen, Robert Rasmussen ; [tradução Flora Alves]. -- São Paulo : DVS Editora, 2015.

　　Título original: Building a better business using the Lego serious play method.
　　ISBN 978-85-8289-111-7

　　1. Equipes no local de trabalho 2. Habilidade criativa em negócios 3. Método Lego Serious Play I. Rasmussen, Robert. II. Título.

15-10313　　　　　　　　　　　　　　　CDD-658.4022

Índices para catálogo sistemático:

1. Método Lego Serious Play : Negócios : Administração de empresas　　658.4022

Sumário

Prefácio — V

Introdução – A jornada! — 1

I Parte O território LEGO® SERIOUS PLAY®

1. A necessidade de construir um negócio melhor — 13
2. O bloco LEGO® — 25
3. Definindo o *Serious Play®* — 37
4. O método LEGO® SERIOUS PLAY® — 49
5. Contemplando o território LEGO® SERIOUS PLAY® — 67

II Parte LEGO® SERIOUS PLAY® : A plataforma científica

6. Criando conhecimento – Dando uma ajuda ao seu cérebro — 79
7. Neurociência – Entendendo a mente do construtor — 97
8. *Flow* – A alegria do aprendizado efetivo — 113
9. Imaginação – Enxergando o que não é — 123
10. *Play* é sobre o processo — 135

III Parte LEGO® SERIOUS PLAY® em ação

11. LEGO® SERIOUS PLAY® em ação nos negócios — 151
12. LEGO® SERIOUS PLAY® em funcionamento na LEGO — 189

13	LEGO® SERIOUS PLAY® em ação fora dos negócios	197
14	Contemplando LEGO® SERIOUS PLAY® em funcionamento	207
15	Superando os limites com LEGO® SERIOUS PLAY®	215
Notas		225
Sobre os autores		229

Prefácio

Nosso objetivo ao escrever este livro é oferecer a você uma introdução prática ao método LEGO® SERIOUS PLAY®. Vamos explicar como e porquê foi desenvolvido, quais teorias reunidas o apoiam e também oferecer exemplos de como esta abordagem tem ajudado organizações no mundo todo. Este livro não foi escrito para ser um manual com cinco passos simples para melhorar o seu negócio por meio do uso do processo. Pelo contrário, ele é uma jornada no mundo do LEGO SERIOUS PLAY.

Com isso em mente você deve estar pensando: **por que ler este livro?**

Bem, pode ser que você leia porque tem a sensação desconfortável de não estar utilizando todo o seu potencial. Talvez tenha observado crianças brincando e perguntado a si mesmo se existiria uma forma de trazer para as empresas o poder daquelas interações. Pode ser que você acredite que criatividade é um processo de equipe e queira encontrar uma forma de desbloqueá-la. É possível ainda que você tenha simplesmente observado pessoas bem intencionadas disputando um verdadeiro cabo de guerra em projetos profissionais. Ou talvez você simplesmente esteja curioso para saber o que é o método.

Qualquer uma dessas alternativas constitui uma boa razão para ler este livro. Nosso objetivo é ajudar você a encontrar respostas para estas situações e, também para outras que surjam durante a leitura.

Mas por que decidimos escrever este livro agora?

Como você verá na Introdução, LEGO SERIOUS PLAY percorreu um caminho desafiador e longe de ser fácil. O modelo de negócios e organização de base mudaram várias vezes. Mas talvez o desafio mais importante tenha sido desenvolver o entendimento do que define o método. Finalmente a definição se mostrou robusta e a partir daí tornou-se mais claro o que é LEGO SERIOUS PLAY, o que o método faz, e como pode gerar valor para grupos de pessoas.

Naturalmente, este entendimento continuará a evoluir, ficará mais claro e novos aprendizados irão emergir. Entretanto, atingimos uma espécie de platô neste momento. Já se passaram mais de 10 anos desde que treinamos os primeiros facilitadores, e o método foi colocado em prática em empresas de todos as naturezas no mundo todo. Ele foi utilizado por governos locais, empresas de serviços globais, grandes bancos, *start-ups* (empresas iniciantes), empresas de manufatura internacionais e outros entidades. Ao longo do livro e, particularmente no Capítulo 11, vamos oferecer uma variedade de exemplos. Em suma, LEGO SERIOUS PLAY está pronto para compartilhar sua história com audiências maiores.

A próxima pergunta óbvia: por que **nós** estamos escrevendo a história do método LEGO SERIOUS PLAY?

Juntos e também individualmente somos parte da história desde o início. Passamos a última década trabalhando em projetos e iniciativas intrinsecamente entrelaçadas com LEGO SERIOUS PLAY.

Fizemos parte do desenvolvimento do método e gerimos quando foi adquirido por uma empresa independente, a Executive Discovery e quando se tornou uma unidade de negócios dentro da LEGO. Desenvolvemos e ministramos o primeiro treinamento de facilitadores e o primeiro manual do facilitador. Ao longo dos anos temos facilitado *workshops* e conduzido programas de treinamento para equipes no mundo todo, inicialmente como funcionários da Executive Discovery e depois pela própria LEGO. Atualmente somos parceiros e cada um possui e administra uma empresa especializada em LEGO SERIOUS PLAY. Robert é proprietário da Rasmussen Consulting e Per é sócio na Trivium, ambas com sede na Dinamarca e atuação global na utilização do método.

Nosso trabalho permanece focado no LEGO SERIOUS PLAY. Nós desenvolvemos e ministramos *workshops* customizados para organizações globais e conduzimos programas de certificação de facilitadores do método. Estes programas também são ministrados globalmente e em parte sob a marca compartilhada *"the Association of Master Trainers in the LEGO SERIOUS PLAY method"*. Por fim, atuamos como conselheiros da LEGO, um papel que nos permite trabalhar de perto com a empresa para dar suporte ao crescimento contínuo do método.

A partir da análise da história do LEGO SERIOUS PLAY, é claro que houveram momentos nos quais algo especial foi necessário – quando a abordagem precisava de praticantes, incentivadores, amigos, aliados, embaixadores e da tenacidade destas pessoas para sobreviver e manter a dinâmica. Apesar de existirem exemplos incontáveis, vamos nos limitar aqui a mencionar Kjeld Kirk Kristiansen, proprietário da LEGO e neto de seu fundador. Foi a visão de Kjeld Kirk Kristiansen sobre uma forma diferente de liderar que deu a luz ao LEGO SERIOUS PLAY. Ele sempre viu os blocos de LEGO como uma linguagem capaz de ajudar a liberar o potencial humano e ele rapidamente percebeu que o LEGO SERIOUS PLAY podia trazer esta linguagem para a sala de reuniões. A crença de Kjeld Kirk Kristiansen no imenso potencial do método ajudou várias vezes a estabilizar o navio. Sem ele não haveria história para contar sobre LEGO SERIOUS PLAY, e, portanto, este livro não teria sido possível.

Introdução – A jornada!

O método LEGO® SERIOUS PLAY® como conhecemos hoje, é resultado de uma jornada que deu seus primeiros passos há mais de 15 anos. Não surgiu de forma consciente como resultado de uma estratégia de longo prazo premeditada para expandir o alcance da LEGO a novos segmentos de mercado. Não foi fruto da imaginação de um departamento de *marketing* reagindo a uma demanda existente ou o surgimento de uma nova e brilhante ideia.

Nós o chamamos de LEGO SERIOUS PLAY hoje mas, quando começou o método sequer tinha um nome. Era uma ideia para uso interno, um anseio por formas mais imaginativas de desenvolver os planos e a direção estratégica da empresa, um desejo de liberar o potencial humano na organização.

Em 1994 a LEGO era – e ainda é – uma empresa privada. Seu proprietário, Kjeld Kirk Kristiansen, que apresentamos no prefácio, era também naquela época, o CEO da empresa. A LEGO vinha surfando uma onda de sucesso por mais de 20 anos; a perspectiva para o futuro era brilhante. Haviam apenas algumas poucas nuvens escuras no horizonte. Novos brinquedos, como *videogames* estavam adentrando o mercado, as crianças estavam brincando de forma diferente e costumava-se dizer que estavam se tornando adultas mais rapidamente.

A LEGO estava começando a sentir o impacto dessas mudanças e então Kirk Kristiansen voltou naturalmente a sua atenção para os métodos e técnicas que ele e seu time de líderes utilizavam no desenvolvimento de suas estratégias. Ele não ficou feliz com o resultado de suas sessões. Enquanto a essência de seu negócio era **criatividade** e **imaginação**, a forma como desenvolviam uma nova estratégia e uma nova direção estratégica parecia definitivamente desprovida de imaginação.

Ao mesmo tempo Bart Victor e Johan Roos, professores da IMD Business School em Lausanne, na Suiça, estavam olhando para diferentes formas de criar estratégias. Tendo a IMD um importante papel no desenvolvimento da liderança da LEGO durante muito tempo, a empresa manteve um relacionamento muito próximo com a escola por anos. Membros da faculdade também forneciam consultoria para empresas. Os professores Victor e Ross tinham experiências como as de Kirk Kristiansen quanto à qualidade das abordagens tradicionais para o desenvolvimento de estratégias para equipes. Kristiansen conectou-se com os dois professores em 1996 e os três perceberam frustrações similares com as técnicas tradicionais para o desenvolvimento de estratégias. Os três acreditavam que:

- Pessoas são a chave para o sucesso de uma organização – pessoas **podem** e **querem** fazer bem.
- Estratégia é algo que **você vive**, não algo **distante** guardado em um documento.

Infelizmente, esses princípios não estavam acontecendo; as pessoas não estavam expressando seu pleno potencial e a estratégia não era algo que podia ser vivido. Kirk Kristiansen concordou em financiar uma pesquisa sobre este enigma por meio da criação de uma subsidiária da LEGO chamada Executive Discovery Ltd.. A pesquisa levaria a um processo no qual a LEGO poderia utilizar a abordagem internamente e os professores poderiam avançar com seu trabalho acadêmico para o mundo real. Tanto Johan quanto Bart possuíam grande experiência acadêmica na criação de estratégias, sistemas complexos adaptativos, liderança e comportamento organizacional. A Executive Discovery Ltd. foi concebida como a empresa no comando da pesquisa.

Ao longo dos dois anos que se seguiram, os professores da escola de negócios praticaram seus conceitos sobre estratégia utilizando blocos de LEGO ao invés de seus tradicionais métodos de palavras, notas em *Post-it* e quadros brancos. A premissa básica era que se você jogasse uma grande quantidade de blocos de LEGO na mesa da diretoria e pedisse para as pessoas "construírem suas ideias estratégicas", sua imaginação iria florescer como se fossem crianças – e o exercício daria vida a conceitos de construção de estratégia tais como **identidade**, **cenário** e **princípios orientadores básicos**. Estes conceitos continuam sendo uma parte essencial de muitas aplicações do LEGO SERIOUS PLAY até hoje.

Havia muita risada e brincadeira nestas salas de diretoria nos primeiros 45 minutos destas sessões experimentais. Contudo, algo não estava conectando. Os blocos sozinhos não resultaram em um pensamento inovador e mais imaginação.

Estas experiências desencorajadoras levaram à primeira de muitas junções críticas para o método LEGO SERIOUS PLAY. Seria apenas uma má ideia ou a fórmula estaria incompleta? Havia alguns conceitos interessantes sobre estratégia mas nenhum processo acerca de como trabalhar esses conceitos utilizando blocos. Em 1999 o LEGO SERIOUS PLAY enfrentou sua primeira crise.

Entretanto, a direção da Executive Discovery decidiu não desistir naquele momento. Ao invés disto, perguntaram a Robert – que era naquela época o diretor de pesquisa e desenvolvimento da LEGO Education – se ele verificaria a viabilidade da ideia do LEGO SERIOUS PLAY. Ele concordou em fazer isso enquanto continuou com seu trabalho para a LEGO Education. Mais tarde seus colegas da LEGO Education comentariam que ele utilizava seu tempo 100/100 – 100% na LEGO Education e 100% no LEGO SERIOUS PLAY.

Robert começou a investigar como poderia aplicar seu conhecimento sobre como as crianças aprendem e daí elaborar algo para que os adultos possam desenvolver estratégias. Junto com um time de *freelancers*, que trabalhavam meio período, se propuseram a desvendar este enigma e em menos de dois anos eles desenvolveram o método LEGO SERIOUS PLAY. Como continuaram a trabalhar e construir, os conceitos de estratégia se tornaram mais do que uma teoria. Em 2001 a primeira versão do LEGO SERIOUS PLAY estava pronta como uma "**técnica de pensamento, comunicação e resolução de problemas para grupos**".

Alcançar este objetivo levou mais de 20 interações, toneladas de blocos de LEGO e a disposição da esposa de Robert, Jette de passar horas intermináveis colocando todos estes blocos em pequenos sacos de congelar para compor os *kits* experimentais. Os professores da IMD conduziram sessões reais com empresas utilizando os protótipos. Isso ajudou a confirmar a existência de um padrão no trabalho com blocos, que produzisse resultados consistentes em diferentes grupos – a origem da etiqueta do LEGO SERIOUS PLAY. No final de 2001 o processo estava funcionando consistentemente em diferentes grupos de uma forma robusta e replicável. Foi ainda em 2001 que os primeiros facilitadores foram treinados e formou-se também um time para dar suporte ao método.

Um dos temas que emergiram do processo de desenvolvimento foi o valor de se proporcionar aos grupos a visão global do sistema no qual estão inseridos. Isto os ajudou a vislumbrar cenários e estarem melhor preparados para o futuro. Por ter um quadro completo de seu sistema atual – uma perspectiva que envolvia o papel das equipes, relacionamentos e cultura – e testar o sistema com cenários específicos, os membros da equipe ganharam mais confiança, *insight* e comprometimento para lidar com eventos futuros. Poucas pessoas na LEGO sequer sabiam do risco no qual Kjeld Kirk Kristiansen havia embarcado durante os primeiros dias do SERIOUS PLAY. Sequer o desenvolvimento da metodologia se deu entre as paredes físicas da LEGO na Dinamarca. A base de Robert – *LEGO Education's research and development* – estava localizada em uma remota fazenda no Estado de Connecticut nos Estados Unidos da América (EUA). A segunda base era o Imagination Lab em Lausanne, na Suiça, de onde Johan Roos, Bar Victor e sua equipe contribuíam com seu conhecimento teórico, pilotavam e documentavam o processo.

Mais de 12 anos se passaram desde que o método ficou pronto para ir para o mercado no final de 2001. Muitos desafios existenciais foram enfrentados ao longo desta década, nenhum relacionado com a qualidade do processo em si. O processo provou ser mais robusto e genérico do que se imaginou a princípio.

Um treinamento consistente estava pronto em 2002 e nós começamos a realizar programas para facilitadores nos EUA e Europa. Em 2004, Per revisou o programa de treinamento para facilitadores LEGO SERIOUS PLAY para enfatizar ainda mais que o método tem um certo número de aplicações. Em 2006 Robert definiu e estruturou **técnicas de aplicação** com o propósito de facilitar a aplicação do processo para uma variedade maior de tópicos relacionados a negócios, equipes e desenvolvimento pessoal. Finalmente em 2010 nós reestruturamos e aprimoramos o programa de treinamento. Este é o programa que, com atualizações menores está sendo utilizado hoje.

De 2002 a 2010 as lutas de LEGO SERIOUS PLAY envolveram questões sobre como ajustar modelo na cadeia de valor da LEGO. Devido a ideia ter sido fruto da mente de Kjeld Kirk Kristiansen e portanto muito coerente com seus valores, em 2002 a Executive Discovery Ltd. passou de veículo por trás da pesquisa a proprietária de ambos, metodologia e responsabilidade por trazer o LEGO SERIOUS PLAY para o mercado.

Em 2001, a Executive Discovery Ltd. que havia sido uma empresa registrada no Reino Unido fechou e a Executive Discovery LLC (uma empresa registrada nos EUA) foi estabelecida em Connecticut. Robert pediu demissão de seu emprego na LEGO Education e se tornou COO (*Chief Operating Officer*) na Executive Discovery LLC. Johan Roos e Bart Victor permaneceram envolvidos respectivamente na diretoria e como CEO (*Chief Executive Officer*) em tempo parcial e continuaram suas carreiras acadêmicas.

Por que toda essa construção com a Executive Discovery – uma empresa irmã da LEGO – quando a verdade era que Kjeld Kirk Kristiansen financiou todo o projeto e era um produto da LEGO?

Kirk Kristiansen tinha quatro razões para esta abordagem. Primeiro ele sabia que um pequeno projeto de estimação como este jamais caberia na produção em massa de brinquedos. Os departamentos de produção e *marketing* o rejeitariam imediatamente. Segundo, era muito difícil estimar o potencial do negócio. Mantendo o negócio pequeno e fora da produção em massa da LEGO, Kirk Kristiansen foi capaz de minimizar os riscos. Terceiro, ele queria que esta ideia fosse duradoura e não a próxima "onda" ou moda passageira recebida com entusiasmo por um curto espaço de tempo.

A quarta razão foi o nome "Executive Discovery". Kirk Kristiansen temia que o nome LEGO poderia ser mais uma desvantagem que ponto de alavancagem o que poderia acontecer se a imagem de "brinquedo" mais desinteressasse as pessoas do que causasse interesse. Do mesmo modo, ele queria que o nome da iniciativa demonstrasse que o método se destinava às salas da diretoria e da presidencia – locais onde as estratégias são definidas. A ênfase estava no SERIOUS PLAY ao invés de estar no LEGO SERIOUS PLAY.

Em 2001 Per se tornou um dos primeiros funcionários a se juntar ao time de Robert, e se tornou responsável por trazer o LEGO SERIOUS PLAY aos mercados Europeus. Juntos nós também formamos o time de *master trainers* (instrutores mestres) do programa de certificação LEGO SERIOUS PLAY. Entre 2001 e 2003 o time da Executive Discovery consistia em 10 pessoas muito diferentes e altamente dedicadas que se localizavam no Tennessee (EUA); Milão (Itália); e Munique (Alemanha).

Olhando para trás percebemos que fomos abençoados com uma certa ingenuidade. Nós acreditávamos verdadeiramente que o mundo estava aberto e pronto para nosso fantástico processo. Decidimos estabelecer um modelo de negócios de parcerias no qual as empresas assinariam um contrato uma vez que tivessem sido qualificadas por meio da conclusão do treinamento de facilitadores da Executive Discovery.

Escolher um modelo de negócios de parceria foi o resultado de nossas experiências que deram errado. O valor no método não está nos blocos LEGO e sim na combinação dos blocos com o processo de facilitação. Este modelo nos permitiu controlar quem tem acesso à propriedade intelectual e aos *kits* que acompanham o método. Os primeiros facilitadores foram treinados em setembro de 2001, em janeiro de 2002 o LEGO SERIOUS PLAY foi lançado oficialmente com o treinamento de facilitadores já revisado.

No final de 2003 o ideia do LEGO SERIOUS PLAY enfrentou sua segunda crise existencial. A ideia não tinha decolado globalmente como havíamos previsto. Havia pequenas áreas que se sobressaíam e histórias de sucesso, mas de maneira geral estávamos distantes de alcançar nossas aspirações.

Embora o método tenha atendido nossas expectativas, fazer o *marketing* e vender a ideia era muito mais difícil do que imaginamos. A cobertura na mídia nos mostrou que seria quase impossível nos desligarmos da imagem de brinquedo. A configuração do negócio se mostrou ser mais dispendiosa e a estrutura da empresa inapropriada. Isso somado à descoberta de alguns segredos financeiros da época do início do empreendimento fizeram com que a Executive Discovery encerrasse suas atividades em dezembro de 2003. O time se desfez, a LEGO adquiriu toda a propriedade intelectual (IP, na sigla em inglês) e a cooperação com Johan Roos e Bart Victor terminou.

No começo de 2004, a própria LEGO estava no auge de sua crise e lutando pela sua sobrevivência. Neste clima havia pouco interesse em fazer algo com a ideia do LEGO SERIOUS PLAY. Felizmente, a iniciativa tinha conquistado na empresa vários embaixadores, sem os quais hoje não estaria viva. Estes indivíduos resgataram a ideia e asseguraram o estabelecimento da linha de negócios LEGO SERIOUS PLAY com os recursos necessários para que o desenvolvimento e distribuição pudessem continuar. Per assumiu a função de diretor da linha de negócios a partir de sua base em Milão enquanto Robert começou a construir seu próprio negócio com o LEGO SERIOUS PLAY nos EUA.

A primeira tarefa de Per, quando estava na LEGO era repensar o modelo de negócios e revisar a documentação e formato do treinamento. Além disso ele tinha que provar a viabilidade financeira do negócio. Ele tinha até o final de 2004 para fazer isso.

Infelizmente, uma das consequências do retorno para a LEGO era que o modelo original de parceria tinha sido desenvolvido com base no pagamento de licenças. Isso foi feito para complementar a receita gerada pelas vendas dos *kits* LEGO SERIOUS PLAY que podem ser comprados apenas com um parceiro que tenha sido validado e mediante contrato de licenciamento com a LEGO.

A intensão do negócio era crescer organicamente com um olhar atento ao custo. O mantra era mantê-lo vivo e crescendo e fazer isso com o menor custo e investimento possíveis. As metas foram atingidas e o LEGO SERIOUS PLAY parecia dirigir-se para águas razoavelmente calmas. Em 2005 Per saiu para assumir uma posição de liderança fora do grupo LEGO. Contudo, ele permaneceu associado ao LEGO SERIOUS PLAY por meio de uma posição no conselho e junto com Robert, ficou na condução do treinamento de facilitadores para a LEGO.

Os negócios permaneceram estabilizados até 2007. Era um período de manutenção da ideia e baixo crescimento, mas novas ideias estavam surgindo e esta poderia ser apenas uma abordagem temporária; algo tinha que acontecer. Foram então discutidas duas opções para o futuro, era hora de desistir ou acelerar o ritmo. Por volta de 2007 a escolha foi pela segunda opção, e os responsáveis pela linha de negócios LEGO SERIOUS PLAY começaram a desenvolver uma nova estratégia. Esta encruzilhada foi a terceira crise existencial.

O objetivo era implementar uma estratégia que pudesse gerar receita suficiente para suportar uma equipe maior, dedicada, dentro da empresa e o desenvolvimento dos negócios. A estratégia escolhida atuou em duas frentes: fazer crescer o negócio de parcerias através da nomeação de um parceiro principal em cada localidade geográfica, e desenvolver competências internas para o oferecimento do serviço aos clientes finais. Ou seja, criar um serviço de consultoria LEGO SERIOUS PLAY.

O plano parecia bom no papel, e foi lançado em 2007. Um novo líder foi contratado e começou a construir a equipe interna e preparar o lançamento da nova estratégia para 2008. Robert se tornou parte do novo time. No início de 2008, ele e sua família se mudaram para a Dinamarca e enquanto trabalhava parcialmente com o time LEGO SERIOUS PLAY continuou com seu próprio negócio LEGO SERIOUS PLAY nos EUA. Sua responsabilidade era treinar os facilitadores e pesquisar o desenvolvimento de novas aplicações. Per se tornou membro do recém-criado conselho de parceiros e por vezes funcionava como um recurso para o time.

As instabilidades estavam aumentando crescentemente em 2008. A equipe como um todo mostrou ter um entendimento limitado sobre LEGO SERIOUS PLAY, cultura LEGO e liderança. Mais tarde, no final do ano, Robert não vislumbrava outra oportunidade senão deixar a LEGO e o time LEGO SERIOUS PLAY. Foi no início de 2009, quando a implementação estava perdendo o controle, que o novo líder foi demitido, colocando assim a nova estratégia de aceleração do ritmo em espera e colocando o LEGO SERIOUS PLAY em sua quarta crise existencial. Desde 2002 havia uma comunidade crescente de praticantes do LEGO SERIOUS PLAY, cuja preocupação principal era encontrar uma maneira de continuar seus negócios com o método. Parte disso era conseguir acesso para a compra dos *kits* especiais do LEGO SERIOUS PLAY produzidos e distribuídos pela LEGO.

Em maio de 2010, a LEGO estava pronta para anunciar sua nova estratégia para a comunidade LEGO SERIOUS PLAY. Desta vez não era uma escolha entre **desistir** ou **acelerar o ritmo**, era **crescer**! Desde que o modelo de negócios foi lançado em 2002 a premissa era de que a LEGO tinha que estar no controle total de quem seria treinado, certificado e teria direitos para entregar os serviços ao consumidor final. Supunha-se que a menos que o processo estivesse sob o controle da LEGO, o risco de danificar a experiência com a marca e se tornar apenas uma moda era **muito alto**.

A estratégia de "crescimento" tornou o acesso ao uso da metodologia mais parecido com um "código aberto" e ficou conhecida como um modelo de comunidade. Os requisitos antes existentes para se ministrar o treinamento de certificação e para a compra dos *kits* LEGO SERIOUS PLAY foram eliminados.

A LEGO decidiu experimentar esta estratégia por dois anos, esperando que o conceito agora tão conhecido e a facilidade de acesso, resultassem num crescimento significativo e no estabelecimento de uma comunidade forte o suficiente e ainda assegurar um uso que fosse consistente com os valores do método. Esta abordagem reduziria o envolvimento da LEGO ao fornecimento dos materiais do LEGO SERIOUS PLAY e seu suporte à comunidade apenas com um *site* dedicado (www.seriousplay.com) e uma conferência anual focada no compartilhamento de melhores práticas.

Quando o período de teste terminou em meados de 2012, a conclusão tanto por parte da LEGO quanto por parte da comunidade foi unânime: LEGO SERIOUS PLAY e sua comunidade de defensores e praticantes tinha na realidade crescido. Eles atenderam à expectativa de manutenção da qualidade da marca e da entrega. Como resultado a LEGO se comprometeu com a manutenção da marca LEGO SERIOUS PLAY no futuro. Também aceitou que as razões principais para isso não seriam ditadas exclusivamente pelo resultado dos negócios. Como consequência, a responsabilidade por esta linha de negócios foi parcialmente transferida para a Fundação LEGO, uma organização sem fins lucrativos fundada pela família de Kirk Kristiansen e associada à LEGO.

Mas quem é esta comunidade de facilitadores LEGO SERIOUS PLAY, alguns dos quais comprometidos com o processo desde o início? É um grupo extremamente diversificado proveniente de todos os cantos do mundo. O método provou funcionar igualmente bem na Europa, Ásia, nas Américas, África e Oriente Médio, em todas as culturas e em qualquer idioma. Os princípios e técnicas que compõem o método parecem ser altamente universais.

Você pode questionar: como um método de comunicação, pensamento e resolução de problemas como o LEGO SERIOUS PLAY, desenvolvido há mais de 10 anos ainda é relevante e apropriado hoje no mesmo formato? Na verdade, é possível que seja ainda **mais** atrativo do que quando iniciou sua jornada! Pense: ainda que um carro com 10 anos de idade preencha os requisitos básicos quanto à transportar você de A para B, ele não seria atraente hoje. Carros provenientes de duas décadas diferentes possuem os mesmos componentes básicos: quatro rodas, um motor, assentos e direção. Mas, comparado com um carro de 2003, um modelo 2013 tem mais eficiência quanto ao consumo de combustível e maior segurança. É mais confortável para dirigir, tem um *design* mais elegante e um GPS (*Global Positioning System*) que permite saber sua localização o tempo todo.

Esta seria uma boa metáfora para o LEGO SERIOUS PLAY. De longe, o método parece o mesmo e tem os mesmos componentes fundamentais consistentes. Ainda assim, é significantemente mais sofisticado hoje do que em seu lançamento em 2002. Economiza mais combustível – isto é, mais valor entregue em menos tempo. A experiência da condução é mais rápida, ou seja, as aplicações são mais direcionadas. E, a informação que o painel oferece ao motorista – o *design* – foi largamente ampliado. A facilitação do processo de aplicação agora é baseado na compreensão da ciência do LEGO SERIOUS PLAY ao invés de intuição e suposições como era na fase de desenvolvimento.

Utilizando a analogia do carro, poderíamos dizer que LEGO SERIOUS PLAY em 2002 era como o Ford Modelo T, isto é, você poderia desejar qualquer cor desde que fosse preta. Em 2014, ele tem todas as qualidades mencionadas previamente. Mesmo ainda sendo um carro cuja função é levar você do ponto A ao ponto B, você agora poder adquirir versões diferentes e, mais importante, pode ter um customizado para atender suas necessidades únicas.

Nutrir o LEGO SERIOUS PLAY desde o seu nascimento até a adolescência tem sido uma jornada de *"hard fun"* ("diversão difícil"), dessas com muitos altos e alguns baixos. Ainda é. A diversão está no saldo - não em termos financeiros mas em termos de *insight* e experiência, tanto na dimensão profissional quanto pessoal que os usuários adquiriram.

Nos próximos 15 capítulos, convidamos você a viajar conosco no mundo do LEGO SERIOUS PLAY. Nós vamos conduzir você pela plataforma científica, por que e como ele funciona, suas aplicações, onde funcionou e para quais problemas. Finalmente, vamos compartilhar algumas aspirações para seu desenvolvimento contínuo. Começaremos com a Parte I, O Território LEGO SERIOUS PLAY, que aborda o porquê da existência do método e quais são os elementos chave.

Ao longo dos anos muitas pessoas têm descrito seus *insights* a partir da utilização da metodologia LEGO SERIOUS PLAY como uma experiência transformadora.

Este livro pode não ser uma experiência transformadora na sua vida como leitor, entretanto, tudo é possível. Aproveite!

PARTE

O território
LEGO® SERIOUS PLAY®

Esta parte irá mapear a paisagem ou, como escolhermos denominar, o **território** de LEGO SERIOUS PLAY. Cobriremos quatro áreas que são essenciais para o entendimento do método e discutiremos especificamente:

1. As necessidades organizacionais para as quais o método oferece uma ótima solução e os desafios para os quais o método foi desenvolvido.
2. O que é um bloco LEGO, o poder que ele tem, sua história, como é utilizado no LEGO SERIOUS PLAY e a diferença que ele faz.
3. O que queremos dizer com o termo *serious play*.
4. Como tudo isso se reúne no que definimos como método LEGO SERIOUS PLAY.

CAPÍTULO 1
A necessidade de construir um negócio melhor

Na introdução do livro contou-se como o método LEGO® SERIOUS PLAY® foi desenvolvido para abordar desafios que a LEGO enfrentou. Embora muitas coisas tenham mudado desde a virada de 2001 para 2002, desafios como esses se tornaram ainda mais claros e urgentes. Nossa experiência trouxe à luz uma série de assuntos relacionados à forma como negócios e gestão são conduzidos, e que levaram a uma demanda ou necessidade contínua do LEGO SERIOUS PLAY e da diferença que o método pode fazer.

As três áreas para as quais LEGO SERIOUS PLAY oferece uma solução são:

1. Além das reuniões 20/80[1] e criando engajamento.
2. Liderando para desbloquear.
3. Quebrando o padrão de pensamento convencional.

Apresentamos a sequência (como se mostra na Figura 1.1) nesta ordem específica por uma razão: primeiro o gestor tem que quebrar a dinâmica 20/80 e criar reuniões onde todos estejam engajados e contribuindo. Uma vez que isso tenha sido feito, ele ou ela precisa liderar para desbloquear todo o potencial e, finalmente fazê-lo de maneira a quebrar o padrão convencional de pensamento e trazer à tona *insights* novos e surpreendentes.

Nossa definição de **tipos** de desafios é mais focada em dinâmica e estrutura do que em conteúdos. Isto está alinhado à visão que temos de LEGO SERIOUS PLAY como uma **linguagem**. O líder pode querer ir além do padrão 20/80, liderar para desbloquear ou quebrar o padrão convencional de pensamento em quase todos os assuntos complexos.

Vamos então mergulhar com mais profundidade nos três tipos de desafios.

Criando engajamento → Desbloqueando novos conhecimentos → Quebrando o pensamento convencional

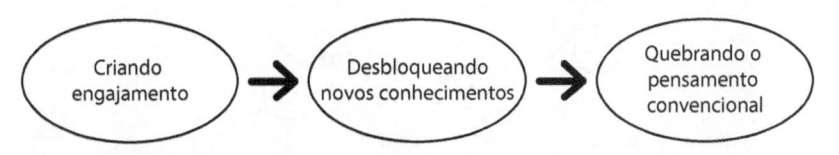

Figura 1.1 – Como o método cria valor.

---

1 – Reuniões 20/80 são aquelas onde 20% dos presentes se expressam e 80% ficam calados.

ALÉM DAS REUNIÕES 20/80 E CRIANDO ENGAJAMENTO

O desenho apresentado na Figura 1.2 captura o *flow* (fluxo) ou sua ausência na maioria das reuniões em muitas organizações.

Um ou dois indivíduos, geralmente o mais sênior e/ou o anfitrião, controlam e desfrutam da reunião. Estes 20% dos participantes utilizam 80% do tempo, por isso o título 20/80. Para piorar a situação, essas pessoas geralmente contribuem com apenas 70% a 80% de seus potenciais para resolver os assuntos das reuniões. Os 80% restantes dos participantes contribuem muito menos, indiscutivelmente com uma pequena porcentagem de seu potencial. Além disso, eles têm uma experiência negativa, um sentimento que podem inclusive levar para seu trabalho depois da reunião.

Isso ocorre principalmente por que algumas pessoas dominantes, extrovertidas ou de raciocínio rápido começam imediatamente a falar, monopolizando a agenda e a perspectiva a partir da qual o conteúdo é discutido. Não há um processo democrático assegurando que todos tenham voz e sejam obrigados a utilizá-la.

Estas reuniões tem uma característica frequente: os participantes estão fisicamente se inclinando **para trás** ao invés de **para frente** em direção à conversação. Eles se afastam da mesa, escorregam em suas cadeiras, olham pela janela ou verificam *e-mails* e redes sociais em seus *smartphones*. Sua linguagem corporal espelha seu estado mental e realça sua falta de engajamento.

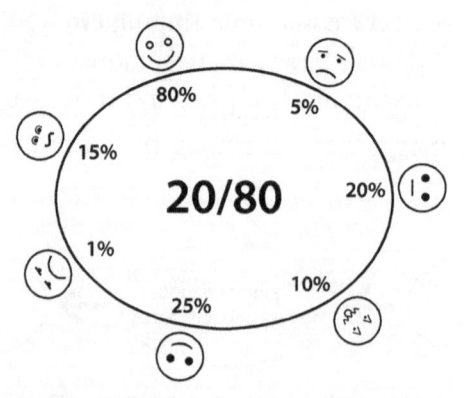

FIGURA 1.2 – Reunião 20/80 típica

Tanto a configuração 20/80 quanto a inclinação para trás são dinâmicas que levam à queda da qualidade em reuniões presenciais. A chamada densidade de atenção é baixa. Abordaremos densidade de atenção no Capítulo 7, entretanto, a definição chave para este conceito envolve a **quantidade de atenção** dispensada a uma experiência mental específica **durante um tempo específico.** A quantidade de atenção pode ser dividida entre **estarmos ouvindo, estarmos ouvindo e vendo** ou ainda **estarmos ouvindo, vendo e tocando.** Os participantes de uma reunião podem estar gerando pouco ou nenhum conhecimento e, por consequência, nenhuma nova solução. Estas reuniões podem até estar destruindo valor – parte por que os funcionários estão fora das atividades que geram valor, parte por não resolverem os assuntos complexos que eram objetivo da reunião, e também porque a reunião em si destrói esforços colaborativos entre os indivíduos podendo inclusive gerar estresse (que causa um impacto muito negativo no cérebro).

Gestores e líderes precisam criar reuniões 100/100, conversações nas quais 100% dos presentes estejam contribuindo com todo o seu potencial – 100% do que eles têm a oferecer.

LIDERANDO PARA DESBLOQUEAR

Uma vez que o gestor tenha tido sucesso na criação de reuniões 100/100 onde todos os participantes contribuem surge um novo desafio para a liderança: liderar para **desbloquear.**

Os gestores precisam desbloquear o potencial em três áreas: o conhecimento presente na sala, o entendimento do sistema e a conexão entre o propósito individual e organizacional. Vejamos cada um deles.

O conhecimento presente na sala

Conhecimento é a primeira área que mudará no papel do gestor. Atualmente todos nós temos acesso a mais dados e informações do que qualquer pessoa é capaz de gerir ou temos a mais remota possibilidade de lembrar. Com muita frequência não estamos sequer conscientes ou certos de nosso próprio conhecimento sobre um dado tema. Portanto, quando temos um grupo de pessoas com muito conhecimento, ansiosas para contribuir mas sem saber exatamente como chegar a uma solução, é papel do líder/gestor desbloquear o conhecimento de cada indivíduo e descobrir padrões no que cada um está compartilhando.

Acabamos de oferecer uma perspectiva que torna este desafio ainda mais assustador: as próprias pessoas normalmente **sequer sabem o que elas sabem**. Isso tem a ver com os meandros do nosso cérebro, parte do que sabemos está armazenado profundamente em nosso cérebro mas outros elementos estão guardados em diferentes regiões do córtex e hipocampo. E, como nem sempre sabemos exatamente o quanto sabemos, estamos com frequência inconscientes de que sabemos algo.

O Capítulo 7 abordará memória com mais profundidade. Por enquanto, a mensagem é: para inovar e transformar negócios e atividades, todos precisam ativar mais o seu conhecimento e encontrar padrões ocultos muitas vezes surpreendentes. Adicionalmente, se queremos transformar intencionalmente uma atividade - individualmente ou como uma equipe – precisamos deixar isso claro e compartilhar esta ideia. E para que liderar para desbloquear seja possível, são necessários os gestores eficazes.

Entendimento do sistema

A segunda tarefa do gestor é ajudar a desbloquear o entendimento ou **propriedades** do sistema. Isto inclui a criação de uma cultura e processo onde haja a compreensão de que a organização precisa explorar, sentir e então responder – e fazer isso de forma sustentável. Ultimamente esta necessidade se tornou mais urgente uma vez que a maioria das organizações atuais competem ou colaboram em sistemas adaptativos complexos. Desbloquear este entendimento é crucial pois sistemas adaptativos complexos têm propriedades emergentes. Quando um sistema tem propriedades emergentes significa que não podemos prever ou esboçar de que maneira uma única alteração pode mudar todo o sistema. Tais alterações, frequentemente chamadas de emergência são definidas como dinâmicas, imprevisíveis e capazes de alterar o estado do sistema.

O desafio da liderança passou de ser bem-sucedido em sistemas simples como era anos atrás para, em muitos casos, ir além do sucesso em sistemas complexos. Nos sistemas simples era possível dar sentido à informação, categorizá-la e responder de maneira conforme. As melhores práticas funcionavam e a burocracia era destaque nestes sistemas.

Ainda que o desafio seja maior em sistemas complicados, eles também oferecem a oportunidade de dar sentido à informação. Os indivíduos assim podem analisar e responder baseados em seu entendimento. Especialistas se saem bem em sistemas complicados e alguém poderia ponderar se o paradigma "gestor como um especialista" é uma resposta natural em sistemas complicados.

Contudo, um sistema complexo assume propriedades emergentes e consequentemente gestores e funcionários não podem coletar informações de forma inativa. Eles precisam aprender a partir da sondagem do sistema e **então** responder. Há mais influência mútua aqui, os agentes contribuem com a evolução do sistema e por esta razão o entendimento precisa ser desbloqueado.

Este processo inclui a compreensão da identidade atual do grupo, qual poderia ser esta no futuro e como isto poderia mudar o sistema. Podemos achar que a identidade é um atrativo estranho no sistema adaptativo complexo. Isto também requer que os membros do grupo compreendam o que eles podem ou não mudar bem como suas combinações. Finalmente, tudo precisa ser monitorado.

Conectando propósito individual e organizacional

Finalmente o gestor tem que **desbloquear a conexão** entre o propósito da empresa e dos colaboradores. Este elemento é construído com base no que acontece quando o grupo está pronto para desbloquear o entendimento do sistema. Como mencionado anteriormente, esta conexão está baseada na habilidade de se entender a identidade do grupo, o que inevitavelmente leva à iluminação de seu propósito.

Quando um gestor consegue criar conexão entre o propósito da organização e de seus funcionários, tipicamente o engajamento cresce, a empresa se desenvolve melhor e os funcionários ficam mais satisfeitos. A conexão de propósitos gera alinhamento de objetivos, relacionamentos mais significativos entre todas as partes envolvidas e beneficia a todos, incluindo o consumidor.

Muitos argumentam que os funcionários são cada vez mais inconstantes ou leais a sua visão quanto à vida pessoal que de sua empresa. Consequentemente, se uma empresa consegue conectar seus objetivos aos de seus funcionários, ela se torna mais resiliente e mais ágil em um tempo que tais habilidades são essenciais.

QUEBRANDO PENSAMENTO CONVENCIONAL

Como mencionamos anteriormente neste capítulo os colaboradores de uma organização em geral tem acesso a muitos dados e, frequentemente um profundo conhecimento de seu *expertise*. Enquanto isto leva ocasionalmente ao desafio de desbloquear todo o seu conhecimento, também trás à luz outro desafio: a **quebra do pensamento convencional**.

Nós, seres humanos tendemos a procurar o primeiro padrão que se encaixa no que já conhecemos e permanecer com ele. Um grande conhecimento sobre determinado assunto nos leva com frequência a sentir que sabemos o que procurar, e consequentemente vamos procurar **apenas por este** padrão. Encontraremos dados que nos apoiem e, infelizmente acabamos por ignorar informações perturbadoras. Assim, perdemos padrões valiosos e surpreendentes.

Vemos um exemplo clássico no teste *O Gorila Invisível* de Christopher Chabris e Daniel Simons, no qual estudaram o conceito de **atenção seletiva**.[1] Neste experimento um observador assiste um filme no qual dois times de jovens, que em círculo passam duas bolas de basquete entre eles. O observador é então desafiado a contar quantas vezes um dos times passa a bola. No decorrer do vídeo um adulto vestido de gorila entra no meio do círculo e bate no peito e aparentemente ruge. Pouquíssimas pessoas veem o gorila, simplesmente por estarem focadas na contagem de passes. É muito provável que este foco seletivo tenha sido parte do processo de ruína da Kodak, quando ignorou a fotografia digital, ou da Blockbuster ignorando o *streaming*[2] diferente de sua concorrente Netflix. Entretanto, este não é um fenômeno recente e, em 1878 *sir* William Preece, engenheiro chefe do Correio Britânico, disse: "Os norte-americanos precisam de telefone, nós não. Temos um número suficiente de carteiros." Um exemplo claro de foco nos dados errados.

Assim, o desafio final do gestor é ajudar sua equipe a quebrar seus padrões de pensamento convencional. Ele ou ela precisam ajudar todos a suspenderem a busca pela primeira solução aceitável e, ao invés disto, pensar uma vez mais, pensar de maneira diferente e, então, ver

---

2 – É uma forma de distribuição de dados, geralmente de multimídia em uma rede através de pacotes. É frequentemente utilizada para distribuir conteúdo multimídia através da Internet.

os novos padrões que levam a uma solução surpreendente. O exemplo que segue mostra como isso funcionou para o gestor e fundador da Scurri, uma *start-up* da Internet localizada na costa da Irlanda.

EXEMPLO DE ESTUDO DE CASO: DESENVOLVENDO O MODELO DE NEGÓCIOS EM UMA *START-UP* DA INTERNET

○ Desenvolvimento do projeto   ○ Desenvolvimento do negócio   ○ Constrições desafiadoras

Contexto: Scurri, uma *start-up* da Internet existia há uns dois anos. Havia levantado capital com sucesso duas vezes e uma boa equipe tinha sido montada. A empresa trabalhava de acordo com a filosofia *Start-Up Enxuta* descrita por Eric Ries, utilizaram o *lean canvas (Ash Maurya)* para o foco de seu produto e, complementarmente utilizaram o *canvas* (esquema) do modelo de negócios de Alex Osterwalder para discussões mais estratégicas.

Problema: O fundador e CEO sentia que para acelerar o crescimento da Scurri, o time precisava entender todo o modelo de negócios e a maneira como os elementos impactavam-se uns aos outros.

Intervenção LEGO SERIOUS PLAY: O time completo composto por sete pessoas se reuniu por um dia todo. O *workshop* foi desenhado com base no *canvas* do modelo de negócios. A equipe explorou atividades chave, recursos essenciais, proposta de valor, parcerias e segmentos de clientes. Tudo foi posicionado em um cenário que espelhava o *canvas*.

Resultado: Com base no *workshop* a Scurri redefiniu a sua proposta de valor, escolheu dois novos segmentos de clientes para focar e identificou os parceiros que poderiam ajudar a potencializar seu novo foco. Tudo foi capturado num "modelo de negócios *wiki*" que se tornou uma ferramenta operacional para o time. Hoje a Scurri expandiu seus negócios com sucesso para o Reino Unido, levantou mais capital, foi apontada com uma das *top 10 start-ups* da Internet na Irlanda em 2014 e está crescendo substancialmente.

CONTEMPLANDO AS NECESSIDADES

A lógica por trás de todas as necessidades que listamos aqui, é que o gestor quer – verdadeiramente precisa – construir um negócio melhor e mais sustentável. Entretanto, ele ou ela precisa fazer isso por meio do desbloqueio de algo desconhecido até agora. Estes fatores desconhecidos são: o conhecimento guardado na cabeça de cada indivíduo, o conhecimento entre os cérebros dos indivíduos, o conhecimento do sistema, a conexão entre os propósitos e a descoberta surpreendente por meio da quebra do pensamento convencional.

Quando o gestor utiliza o método LEGO SERIOUS PLAY para desbloquear estes fatores desconhecidos, ele ou ela pode criar um impacto profundo onde a transformação acontece em dois níveis:

1. Individualmente, para as pessoas envolvidos no *workshop*, algo muda no seu entendimento e consequentemente em seu comprometimento pessoal com a mudança.
2. Organizacionalmente, muda como a empresa funciona. Isto pode ser, por exemplo, na **direção (visão)** ou na forma como acontece a tomada de decisão entre as **pessoas (cultura)**.

Estes desafios são novos? Eles são únicos no momento que vivemos? Talvez não, como sempre, a mudança nunca aconteceu mais rápido do que "agora". A seguir uma citação clássica atribuída a *Scientific American*[3] em 1867:

Não é exagero dizer... que mais tem sido feito, descobertas mais ricas e profícuas tem sido realizadas, realizações maiores tem acontecido no curso dos 50 anos de nosso tempo, do que em toda a existência prévia da raça humana. É nos três assuntos monumentais da luz, locomoção e comunicação, que o progresso efetuado nesta geração contrasta surpreendentemente todo o progresso agregado de todas as gerações juntas desde os primórdios da existência de nossa história.

Este é um bom lembrete de que todos sempre viveram em tempos de grandes mudanças mas talvez nunca tão rápido quanto "agora".

---

3 – Revista de divulgação científica norte americana.

Consequentemente, gestores sempre encontram problemas de dificuldade crescente, menores prazos para desenvolvimento, mudanças mais velozes e assim sucessivamente.

É importante considerar o que caracteriza o sistema e o tempo no qual estes problemas complexos aparecem. Nós vemos a necessidade para o LEGO SERIOUS PLAY atrelada a um período no qual todos tem acesso em tempo real a uma abundante quantidade de dados e informações, mas lutam para encontrar o seu sentido e para conectar conhecimentos individuais e compartilhados.

Além disso, há uma crescente necessidade de se equilibrar duas forças diferentes mas possivelmente complementares: **alta tecnologia** e **alta interação**. Estamos entrando em uma era onde ambas as forças estão em jogo simultaneamente. A alta tecnologia oferece uma grande variedade de soluções virtuais para interações humanas, desde a ideia relativamente simples de geração de independência temporal e espacial até a realidade virtual. Em paralelo a isso, muitos indivíduos e organizações estão escolhendo focar em experiências concretas de interação presencial, com o objetivo de fortalecer a densidade de atenção destas interações.

Vemos um equilíbrio se formando: ainda que hajam mais interações virtuais e menos presenciais acontecendo, o resultado exigido das reuniões presenciais será maior do que o esperado hoje. A densidade de atenção tem que ser maior e haverá um código de conduta salientando que, aqueles que estejam na sala estejam imersos nesta interação.

Esta demanda pela qualidade das reuniões de alta interação está criando três necessidades para as quais LEGO SERIOUS PLAY funciona bem. Você provavelmente já as imaginou: ir além das reuniões 20/80, liderar para desbloquear conhecimento e quebrar o padrão de pensamento convencional.

O método é desenhado para combater estes desafios e proporcionar valor agregado em termos de potencializar *insights* e aumentar a confiança e comprometimento. Ele faz isto por meio de uma abordagem única de facilitação – um conjunto específico de dinâmicas de grupo e metodologias de aprendizagem. Desta forma, cria uma linguagem que conecta os dois lados do cérebro. Um elemento essencial e concreto nesta linguagem é o bloco LEGO e sua forma de uso particular no LEGO SERIOUS PLAY.

CAPÍTULO 2
O bloco LEGO®

No método LEGO® SERIOUS PLAY®, os participantes respondem a uma série de perguntas que se tornam mais profundas a cada passo. Cada participante constrói seu próprio modelo tridimensional LEGO em resposta a essas perguntas utilizando blocos LEGO selecionados especialmente. Estes modelos de três dimensões (3D) servem de base para discussão em grupo, compartilhamento de conhecimentos, resolução de problemas e tomada de decisão. Sem blocos LEGO não há método LEGO SERIOUS PLAY.

O bloco LEGO essencial é o vermelho 4 x 2 pinos mostrado na Figura 2.1.

Oito desses blocos podem ser combinados de **915.103.765 maneiras**.

Crianças e adultos tem utilizado este bloco e milhões de outros para construir modelos de seu mundo por cerca de 60 anos. Eles tem criado peças do mundo real que eles veem e do mundo que imaginam. Além disso, ao longo dos anos, muitos pais têm pisado acidentalmente nestes blocos e emitido um som de pura dor (talvez até um ou dois palavrões).

A história dos blocos de LEGO começa em 1949, quando o fundador da empresa Ole Kirk Christiansen e seu filho Godtfred Kirk Christiansen modificaram os *self-locking building bricks* do inventor britânico Hilary Fisher Pag. Os blocos de Pag tinham duas fileiras de quatro pinos que as crianças podiam utilizar para construir pequenas casas e outras criações. A modificação de Christiansen foi mínima e ele nomeou seu novo bloco como **"bloco de ligação automática"**. Ele era muito similar ao que conhecemos hoje mas era aberto por baixo.

FIGURA 2.1 – Bloco LEGO 4 x 2 pinos.

Uma mudança significativa entre um bloco de 1949 e um de 2014 é que os primeiros não encaixavam uns nos outros, os usuários simplesmente empilhavam um em cima do outro. Como resultado, as estruturas que as crianças construíam desmoronavam facilmente – e a construção de um telhado inclinado com a sobreposição de blocos era impossível. Levou quase uma década e milhares de experimentos até que fosse patenteado, em 1958, o *design* que fez da LEGO o que ela é hoje.

O termo oficial para o encaixe dos blocos LEGO por meio de um *click* é *clutch power* ou **poder de engate** em português. Como foi explicado por David Robertson em seu livro de 2013 (*Peça por Peça*): "Nascido de uma série aparentemente interminável de experiências há mais de meio século, é o poder de engate que faz de LEGO um brinquedo de expansão interminável, do tipo que permite que as crianças construam o que quer que imaginem. E, foi o bloco, que se tornou a manifestação física de toda uma filosofia sobre aprendizagem por meio de brincadeira."[1]

Godtfred Kirk Christiansen assumiu a LEGO em 1950. A história conta que a ideia para um sistema verdadeiro veio de uma conversa com o gerente de uma loja de brinquedos em *shopping center* de Copenhague. Com certeza, Christiansen viu desde o início o potencial de muitas possibilidades de brincadeiras que um brinquedo de sistema modular ofereceria às crianças. Sua visão era a de criar um brinquedo que preparasse a criança para a vida.

O apelo à imaginação, o desenvolvimento do impulso criativo e a alegria de criar, funcionam como força motriz em todo ser humano. Naquela época, Christiansen já havia entendido que o impulso criativo e a alegria de criar são coisas que você nunca abandona. Eles permanecem com você e, hoje, por meio de LEGO SERIOUS PLAY os adultos têm oportunidade de sentir esta alegria e alimentá-la.

Godtfred Kirk Christiansen formulou um conjunto de princípios orientadores para assegurar que futuras gerações manteriam vivos os valores que ele delineou. Estes princípios guiaram o desenvolvimento de novos produtos e estabeleceram que as ofertas de LEGO deveriam ser sempre:

- Limitadas em tamanho sem nunca limitar a imaginação.
- Acessíveis.
- Simples, duráveis e com ricas variações.
- Para meninos e meninas e, divertidos para qualquer idade.
- Um brinquedo clássico, sem a necessidade de renovação.
- De fácil distribuição.[II]

No começo dos anos 1960, a LEGO embarcou em uma curva de crescimento que estendeu seu alcance – através da Europa Ocidental, EUA, Ásia, Austrália e América do Sul – e também aumentou sua gama de produtos transformadores no decorrer daquela década. Entre os destaques está a invenção da roda (LEGO), um bloco redondo com pneu de borracha que a LEGO produz hoje na quantidade de trezentos milhões por ano. Em 1967 a LEGO revelou o bloco DUPLO, uma linha de blocos maiores para pequenas mãos. Então, em 1968 o primeiro parque temático LEGOLAND foi aberto em Billund (Dinamarca).

Em 1979 Kjeld Kirk Kristiansen assumiu a posição de CEO da empresa no lugar de seu pai Godtfred. Nos 15 anos subsequentes, ele levou a empresa a uma expansão extraordinária, dobrando seu tamanho em cinco anos. Este crescimento memorável foi resultado das realizações das visões de Kirk Kristiansen, incluindo um grande aumento na gama de DUPLO, um completo redesenho do "Sistema de Jogo LEGO" que incluía as minifiguras LEGO, e a ênfase na noção de conjuntos temáticos para tornar a experiência das crianças mais recompensadora. Dois dos maiores sucessos da empresa, Castelo e Espaço, são resultado deste foco voltado para temas.

Desde o lançamento do primeiro tema LEGO em 1955, incontáveis temas surgiram. Todos inspiraram as crianças a construir modelos do mundo real (cidades, castelos, navios, postos de corpo de bombeiros, naves espaciais, aviões etc.) ou do mundo imaginário (por exemplo: *Guerra nas Estrelas*, *Transformers* ou *Harry Potter*). Como proclamado em um anúncio publicitário de 1960, o que quer que você construa com blocos LEGO, será sempre real como o de verdade.

UTILIZANDO O BLOCO LEGO FORA DO QUARTO DE BRINQUEDOS

A visão LEGO para o bloco LEGO é de que ele é **"mais que um brinquedo"**. Ele é uma linguagem para a **criatividade sistemática**.

Esta noção é parte da propulsão do bloco a muitas aplicações na aprendizagem e negócios. A divisão educacional de LEGO tem uma longa e sólida história na utilização dos blocos como veículos para métodos de aprendizagem, matemática, tecnologia e engenharia em escolas primárias, secundárias e sistemas educacionais no mundo todo.

Por exemplo, um produto bem conhecido da LEGO Educação é o LEGO *Mindstorms*, onde tanto crianças quanto adultos programam um robô para fazer qualquer coisa, desde encontrar a saída de um labirinto até jogar xadrez com seu construtor.

Os conjuntos LEGO Arquitetura permitem que adultos construam modelos em escala de prédios famosos como *Sears Tower* e *Falling Water*. No mundo dos negócios, *designers* utilizam blocos LEGO para prototipagem rápida, simulações e visualizações. Consultores utilizam blocos LEGO para construção de times, modelagem de fábricas e processos logísticos.

Figura 2.2 – Motocicleta LEGO – Uso clássico de blocos LEGO.

O que é comum tanto no uso "real como de verdade" quanto no uso para aprendizagem e negócios, é que os blocos são utilizados como representações. Os modelos que as pessoas constroem – máquinas, robôs, protótipos, prédios, jogos de xadrez – destinam-se a representar ou visualizar algo tangível, seja um produto ou uma cadeia de suprimentos. O modelo ou o processo de construção deve se assemelhar, ou espelhar o tópico do mundo real tanto quanto possível. Ao fazer isto, você está utilizando o bloco LEGO como uma metonímia – "uma figura de linguagem que consiste no uso do nome de uma coisa para outra da qual é um atributo ou com a qual está associada" (dicionário *Merriam-Webster*). O uso clássico dos blocos LEGO é a construção de modelos ou representações do mundo real. A Figura 2.2 é a imagem de uma motocicleta LEGO. Quanto mais se parecer como uma verdadeira motocicleta, melhor!

O USO DO BLOCO LEGO NO LEGO SERIOUS PLAY

Ao contrário do uso clássico do bloco LEGO para a construção de modelos do mundo tangível, no LEGO SERIOUS PLAY, o bloco é utilizado para construir histórias sobre o mundo intangível. Os blocos nos permitem a formação de modelos 3D sobre coisas que não são concretamente tangíveis.

O foco no LEGO SERIOUS PLAY não está nos blocos, e sim na história que eles criam, ainda que não haja história sem os blocos. Os blocos e os modelos se tornam metáforas, e a paisagem ou cenário dos modelos viram histórias.

Os dois usos diferentes dos blocos LEGO estão ilustrados nas Figuras 2.3 e 2.4. Do lado esquerdo, eles são utilizados como uma metonímia e do lado direito estão sendo utilizados como uma metáfora para um gestor que se comporta como um crocodilo e tem uma língua venenosa.

A criação da história e subsequente *storytelling* que o método possibilita utiliza a metáfora – isto é, um jeito de pensar e uma linguagem por meio da qual compreendemos ou experimentamos uma coisa em lugar de outra. *Merriam-Webster* define uma metáfora como "uma forma de expressão utilizada para transmitir um significado ou aumentar seu efeito muitas vezes, comparando ou identificando uma coisa com outra que tem significado ou conotação familiar ao leitor ou ouvinte." Metáfora é um tipo de analogia que utiliza as palavras **igual** ou **como** e atinge seu efeito via associação, comparação ou semelhança. Tipicamente, também permite que um objeto empreste qualidades de outro.

FIGURA 2.3 – Um crocodilo.

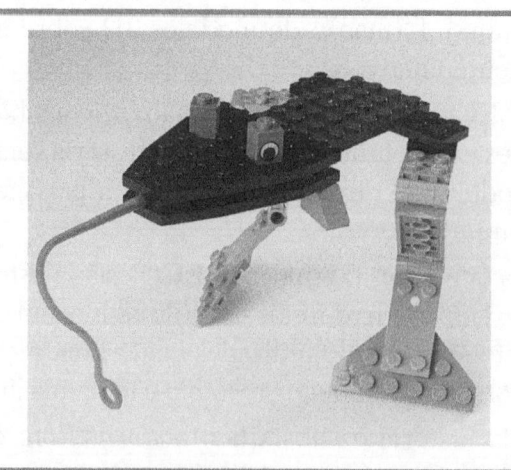

FIGURA 2.4 – Um gestor desagradável.

Este uso mais elaborado dos blocos como metáforas descreve a identidade de um grupo de pesquisa e desenvolvimento (P&D) mostrado na Figura 2.5. Os esqueletos representam sua boa vontade para abrir mão de ideias, o cachorro mostra que eles se sentem oprimidos em relação a outros departamentos, o homem caminhando no alto do lado esquerdo mostra sua disposição para assumir riscos, a vaca na frente ilustra a habilidade do grupo para entregar e a construção no topo ilustra que os usuários dos produtos que eles desenvolvem são crianças.

Cada peça de LEGO ou combinação de peças tem um significado.

Em seu livro *Beyond the Stable State*, o professor do Instituto de Tecnologia de Massachusetts (MIT), Donald Schön, argumenta que metáforas podem, na verdade, gerar maneiras radicalmente novas de entender as coisas.[III] Ele observou como, na tentativa de se fazer uma pincel de cerdas artificiais, os pesquisadores do desenvolvimento de produtos tiveram um grande avanço quando um deles observou "um pincel é um tipo de bomba". De acordo com Schön, metáfora é muito mais que simplesmente "linguagem floreada", ela pode ter um papel ativo, construtivo e criativo na cognição humana. As metáforas oferecem ricas descrições de nossa realidade que podem desafiar pré-suposições e revelar novas possiblidades.

Figura 2.5 – A identidade de uma organização.

O elo (*link*) entre metáforas e aprendizagem tem sido amplamente pesquisado. Metáforas geram maneiras radicalmente novas de se compreender as coisas.[IV] Uma série de metáforas dominantes mudam a forma como entendemos as organizações em que trabalhamos.[V] Metáforas nos transformam com seu potencial de descobrir percepções, atitudes e sentimentos que estavam em nosso subconsciente ou com os quais não somos articulados.

OS *KITS* LEGO SERIOUS PLAY

"Posso levar alguns destes blocos para meus filhos? Eles adorariam algumas destas peças." "Eu não sabia que o LEGO tinha este tipo de blocos." Estes são apenas dois dos comentários que ouvimos nos *workshops* LEGO SERIOUS PLAY. A LEGO nunca produziu blocos especiais para o LEGO SERIOUS PLAY nem terá que fazer isso.

Os conjuntos produzidos para o LEGO SERIOUS PLAY são meras coleções de blocos padrão. Entretanto, a combinação é única se comparada às caixas normais de LEGO, assim como as de LEGO Educação. Esta última é altamente especializada em permitir que o participante construa modelos seguindo as instruções no conjunto.

Não há instruções no *kit* LEGO SERIOUS PLAY, e a combinação de elementos representa a variedade completa de blocos LEGO – do básico DUPLO e animais DUPLO a rodas de engrenagem *Technic* e tudo o que há entre eles. Como ilustramos no exemplo da grande metáfora da Figura 2.5, a diversidade de blocos permite a expressão de mais significados no *workshop*.

Os participantes frequentemente perguntam se aqueles que tem experiência com LEGO tem vantagem sobre os demais quando participam do LEGO SERIOUS PLAY. Com base em nossa experiência de 10 anos a resposta é um **"Não!"** enfático! Na verdade percebemos que ter muita experiência com a construção de LEGO pode ser uma desvantagem para alguns. Como isso funciona? Bem, muitos construtores inexperientes tendem a temer que tenham que construir modelos elaborados e complexos com LEGO. Entretanto, quando percebem que a experiência não está pautada no modelo, e sim no significado e história contidos no modelo, eles relaxam e frequentemente estão aptos a produzir criações que sejam mais diretas e objetivas. Às vezes, construtores sofisticados trazem pouco resultado. Eles estão tão focados no material que esquecem o significado, ou estão tão acostumados a utilizar os materiais de LEGO para construir modelos que representem algo tangível que é quase impossível para eles verem um bloco vermelho 2 x 4 como "**paixão**" ou "**amor**". Pessoas que se julgam criativas e/ou arquitetos frequentemente enfrentam a mesma dificuldade.

Uma das características mais significativas dos blocos LEGO é que você pode desmontá-los e começar tudo de novo e eles funcionarão como se fossem novinhos. Isto faz com que o uso de blocos LEGO para a criação e cocriação de metáforas e histórias seja superior a qualquer outro material de uso manual.

O método LEGO SERIOUS PLAY é aberto, ainda assim acontece dentro de um sistema que faz com que o processo de construção seja rápido e tolerante. Se você não gostou do que construiu, você simplesmente desmonta e constrói algo novo. Ainda que você pudesse utilizar argila, arames revestidos, palitos de sorvete ou outro material barato, nunca seria possível se equiparar à variedade de blocos LEGO, velocidade, tolerância e acessibilidade para todos independentemente da experiência com materiais LEGO. Você poderia ainda pedir que as pessoas desenhassem metáforas e histórias e, isso funcionaria para crianças que ainda se veem como artistas.

Entretanto, seria muito mais difícil com adultos uma vez que eles já foram condicionados a ter expectativas claras sobre como as coisas devem parecer, por isso prendem-se aos detalhes da representação, preocupam-se com a correção das proporções, e se estão construindo algo que parece um elefante e assim sucessivamente. Soma-se a isto o fato de que para a maioria dos adultos uma folha branca não seja exatamente libertadora, e sim limitante. Ela nos coloca fora do *flow*, uma vez que não sabemos por onde começar. Não nos vemos mais como artistas e, por isso não nos sentimos orgulhosos do resultado como fazemos com uma construção com LEGO. Em última análise, adultos colocam coisas no papel desde que estejam comprometidos. Entretanto, os resultados variam tanto de indivíduo para indivíduo que o valor da comunicação é muito limitado.

Sem os blocos não existe método LEGO SERIOUS PLAY. Os blocos LEGO são, na verdade, a única maneira de engajar as pessoas, desbloquear conhecimento e quebrar o pensamento convencional. A objetivo é atingido por meio do conceito de *serious play*. No próximo capítulo definiremos *serious play* e veremos porque nós, enquanto adultos, nos engajamos no *serious play*, como fazemos isto e de que maneira isto ajuda na construção de negócios melhores.

CAPÍTULO 3
Definindo o *Serious Play*

O próximo *habitat* importante no território LEGO® SERIOUS PLAY® é o *play*[1] mas não qualquer *play*, **serious play**. Este tipo de jogo tem um propósito explícito e acontece de uma forma específica. Este capítulo oferece uma explicação sobre o que queremos dizer com este tipo de jogo. Daremos exemplos e definiremos o que queremos dizer com *serious play*.

A primeira coisa que precisamos enfatizar é que *serious play* é "um jogo com propósito explícito." Este propósito é tratar um assunto real com os participantes ao redor de uma mesa por meio do engajamento deles, desbloqueio de seus conhecimentos e quebra do pensamento convencional.

Não é o jogo frívolo, nem uma pausa no trabalho e é algo sutilmente diferente de outros tipos importantes de jogo nos quais muito aprendizado está envolvido (para saber mais sobre jogo, tipos diferentes de jogo e formas de categorizá-los, veja o Capítulo 10).

INTRODUÇÃO AO *PLAY*

Devemos esclarecer que a **maioria** dos jogos é tudo menos frívolo. Mesmo aqueles em que participamos quando jovens, costumam ter algum propósito de desenvolvimento ainda que seu propósito não esteja totalmente claro.

Os propósitos de desenvolvimento implícitos em um jogo são tão numerosos quanto suas subcategorias. Não abordaremos todos aqui. É mais útil para nós apresentar como Johan Huizinga em seu livro inovador *Homo Ludens* definiu o que é jogo, e o que significa para crianças: "Uma atividade é lúdica quando é: 1º) Totalmente absorvente, 2º) Motivada intrinsicamente, 3º) Inclui elementos de incerteza ou surpresa, e 4º) Envolve o senso de ilusão ou exagero." Huizinga explicou: "O jogo surge de uma propensão inata para imitar, aliviar estresse acumulado ou preparar e exercitar para ações funcionais mais sérias."[1] Um exemplo aqui poderia ser uma criança construindo com blocos LEGO. A criança é, em geral totalmente absorvida e intrinsecamente motivada a construir algo, possivelmente refletindo uma experiência pessoal.

---

1 – Utilizaremos ao longo do texto ora *play*, ora jogo para tornar a leitura e entendimento mais agradáveis. Entretanto, manteremos o termo SERIOUS PLAY que denomina o método.

A incerteza poderia ser relacionada com a possiblidade dela completar a construção e como irá fazer isto e, frequentemente uma construção LEGO exacerba as qualidades do que se imagina representar e/ou é uma ilusão a medida que representa o mundo imaginário (por exemplo uma construção na qual a criança é um fazendeiro).[II]

O dr Stuart Brown fundador e diretor do National Institute for Play, em Carmel Valley no Estado da Califórnia destacou bem esse ponto: "Jogar é nossa forma natural de adaptação e desenvolvimento de novas habilidades. É o que nos prepara para emergências e nos mantêm abertos à **serendipidade**[2], a novas oportunidades. Isto nos prepara para a ambiguidade."[III] Assim, o jogo é nossa resposta natural e ele nos ajuda na adaptação, a nos tornarmos resilientes e nos mantem abertos para novas oportunidades – exatamente as mesmas qualidades que gostaríamos de levar para a sala da direção de uma empresa.

Claramente, há mais coisas envolvidas no processo de jogar. Enquanto o jogo de uma criança seja uma atividade importante para o seu desenvolvimento, as crianças não **escolhem** jogar para desenvolver suas habilidades, competências ou para solucionar um problema que estejam enfrentando. Fazem isto simplesmente para se **divertir** e por ser natural para elas. Mas isto surge naturalmente para os adultos? Retornaremos ao jogo no Capítulo 10, mas por enquanto utilizaremos esta pequena introdução como um primeiro passo no conceito de *serious play*. Mais tarde, no Capítulo 10 retomaremos este fio condutor.

DEFINIÇÃO DE *SERIOUS PLAY*

Progredindo a partir do amplo sentido de jogo e passando por jogar com um propósito, definimos *serious play* por meio de três características chave:

1. É uma reunião intencional para utilizar a imaginação.
2. É um processo de exploração e preparação, não implementação.
3. Segue um conjunto específico de regras ou linguagem.

---

2 – Serendipidade é um anglicismo que se refere às descobertas afortunadas feitas, aparentemente, por acaso.

Reunião intencional para usar a imaginação

Os participantes planejam uma reunião e, concordam mutuamente que seu propósito é utilizar a **imaginação** em um assunto real para o desenvolvimento de uma solução. Pode ser um problema existente ou um novo estado desejado. A meta é eliminar um lacuna (*gap*) de *performance* ou de oportunidade.

Os participantes sabem que utilizarão sua imaginação – isto é, sua habilidade para formar uma imagem mental de algo que ainda não existe – para antecipar coisas que ainda não aconteceram. Eles estão explorando um estado plausível e possível ou vendo a realidade atual de uma maneira diferente além de entender sua complexidade e incerteza de forma diferente.

Podem fazer isto deliberadamente para desafiar ou desfazer o *status quo* ou simplesmente para formar um novo e compartilhado entendimento.

Esta característica é claramente encontrada, por exemplo, no desenvolvimento de cenários.

Exploração e preparação, não implementação

Os participantes são livres para imaginar muitas coisas diferentes durante o processo do jogo.

Eles exploram diferentes caminhos, ziguezagues, e descobrem o que funciona e o que não. Muitas das coisas propostas permanecerão como meras ideias, outras se tornarão ações. Entretanto, ação não é o conceito central deste processo. Imaginação, sim.

Os participantes se engajam no jogo para aprender, gerar opções e desenvolver um novo entendimento juntos. Um processo *serious play* pode levar a uma nova visão ou a um novo modelo de negócios. Para chegar a isso, os integrantes exploram muitas versões. Eles terminam o jogo com um modelo compartilhado – o modelo que os guiará na tomada de decisões sobre com quem estabelecer parcerias, como investir e, outros detalhes sobre que passos dar para seguir adiante. Foi isto que aconteceu, por exemplo, com a Scurri, a *start-up* irlandesa da Internet abordada no Capítulo 1, que utilizou o resultado de um *workshop* sobre modelo de negócios para focar em um novo segmento de clientes e novos grupos de parceiros para alcançar aquele segmento. Naquele capítulo, também mencionamos como a maioria das organizações competem em sistemas complexos adaptativos e que estes são imprevisíveis e podem ser compreendidos apenas pela observação da maneira como respondem a eventos específicos. O processo de jogar seriamente pode ajudar nesta observação. Isto possibilita aos participantes encenar eventos no seu contexto, tornando assim possível a sondagem de seu sistema complexo adaptativo, o que permite o entendimento do sistema.

Portanto, o valor está parte no processo que leva os envolvidos a isto, e parte na maneira como prepara os mesmos para tomar decisões melhores. Ele fornece orientação e direção, abrindo às vezes, novos caminhos a explorar.

Podemos ver estas características com clareza nos jogos de guerra. Obviamente, os participantes não estão diretamente engajados com uma guerra, assim, em termos de uma guerra e/ou segurança ser o seu produto, eles não estão implementando as atividades de guerra. Mas, estão **realizando um processo** que os prepara para tomarem decisões melhores, e isto alinha seus objetivos e pontos de ação e gera novos aprendizados. De maneira similar, os arquitetos não estão construindo prédios de verdade, eles estão explorando qual pode ser sua aparência, como os moradores podem interagir com ele e que materiais seriam os melhores para sua construção.

Podemos também utilizar uma metáfora inspirada na física para explicar isto: o propósito do *serious play* é criar energia **potencial**. Esta então se transforma em energia cinética quando os membros do time a implementam – quando realmente a colocam para funcionar. *Serious play* gera este tipo de energia que tem um impacto significante nas pessoas, em um time ou organização quando suas metas são cumpridas. Mas, alguém só pode criar esta energia **potencial** se o processo for real, intenso, e envolver o assunto organizacional correto.

Consequentemente, quando as decisões são tomadas, o grupo precisa concordar explicitamente em tomar decisões quando for momento para isto. Esta é, uma das coisas que intencionalmente distingue o *serious play* dos jogos infantis. É também o que torna o *serious play* livre de riscos. Isto cria um tempo e espaço no qual os funcionários podem desafiar fortes convicções e *modus operandi* que em outras circunstâncias não seriam capazes. É, portanto, um elemento essencial na quebra do pensamento convencional.

Conjunto específico de regras ou linguagem

Quando estiverem usando a imaginação, os participantes tem que seguir um conjunto específico de regras ou linguagem. Isto ajuda a quebrar o padrão do pensamento convencional e encoraja os envolvidos a utilizar livremente sua imaginação. Estão assim aptos a imergir na exploração de possibilidades ao invés de se preocuparem com a tomada de decisões. A maioria de nós está condicionada a acreditar que precisamos tomar decisões em um processo, tão cedo e tão rápido quanto possível. Assim, é preciso um sistema de linguagem robusta para quebrar isto e, ajudar ou mesmo forçar a continuidade da fase de exploração e imaginação.

Esta linguagem ajuda a criar um espaço seguro para **imaginar** e **desafiar**. A noção de regras específicas ou linguagem é clara no exemplo orçamentário que será apresentado a seguir neste capítulo, de maneira similar, há regras e palavras claras quando criamos estratégias ou nos engajamos em jogos de guerra. Discussões estratégicas, por exemplo, podem incluir termos como oceanos azuis, batalhas de vitória crucial, competências essenciais e vantagem competitiva além de regras como uma batalha de vitória crucial tem que "fazer a diferença", "ser focado no mercado", "gerar excitação", "ser específico e tangível", "ser possível vencer". E, antes de sequer olhar a batalha crucial será necessário "acessar condições iniciais" e "abrir janelas". Retomaremos as regras específicas do LEGO SERIOUS PLAY no Capítulo 10.

As três caraterísticas listadas na página 40 separam LEGO SERIOUS PLAY do trabalho e oferecem uma clara diferenciação. Elas também são parte da distinção entre *serious play* e jogos infantis. Mesmo assim, aficionados por jogos sem dúvida acharão que as três características foram inspiradas por Roger Caillois.[IV] Retomaremos *serious play* e jogos infantis no Capítulo 10.

Tendo isto em mente você deve ter clareza de que o método LEGO SERIOUS PLAY não é uma ferramenta de treinamento. Não se aplica à transmissão para você do que um participante já sabe.

Ao invés disso, LEGO SERIOUS PLAY é uma abordagem de pensamento, comunicação e resolução de problemas para tópicos que são reais para os participantes.

Jogar com propósito

Quando os adultos olham para o jogo como uma forma de resolver necessidades específicas de desenvolvimento, faz sentido assumir o jogo com um propósito. Como mencionado anteriormente, este propósito deve ser explícito e acordado entre os participantes antes do início da atividade.

Frequentemente vemos este tipo de jogo nas organizações, exemplos dos mesmos estão esboçados nas páginas que seguem. Todos estes exemplos tem características de *serious play* – não de LEGO SERIOUS PLAY, mas de *serious play* como uma atividade de jogo. Alguns destes exemplos podem ser surpreendentes. Argumentaríamos que, isto se deve ao fato de que o uso de jogos tem sido desafiado pelo entendimento convencional de "trabalho *versus* jogo" durante anos.

Os jogos de exército e de guerra

A maioria dos exércitos no mundo utilizam elementos de jogos, tanto no desenvolvimento de soldados quanto no cultivo de estratégias e táticas de guerra antes do travamento de uma batalha. Com frequência, intervenções militares diferentes são simuladas antes dos indivíduos envolvidos escolherem a abordagem final.

De maneira interessante, a "sala de guerra" e vocabulário relacionado à ela são amplamente utilizados como metáfora nos negócios. A sala de guerra é o local onde o time de gestores ou a força tarefa se reúnem para desenvolver planos para a "conquista de novos territórios", "sobrevivência no mercado", ou para a "vitória" – Isto é, um lugar e atividades que ajudam a organização a se tornar melhor não por meio da ação verdadeira.

Arquitetos

Os arquitetos normalmente constroem, testam e jogam com representações dos edifícios e espaços que estão criando.

Pilotos

É muito difícil imaginar que qualquer pessoa queira colocar um piloto em um avião, sem que ele antes tenha adquirido experiência em um simulador de voo. Estes simuladores ajudam o piloto a praticar o ato de pilotar e a tomada decisão em um ambiente seguro de jogo e com propósito.

Delineamento de estratégia

A criação clássica de estratégias robustas e planos estratégicos apresentam muitos traços de jogo com propósito. Durante o processo de desenvolvimento, os participantes imaginam em que mercados poderiam potencialmente entrar, que produtos, experiências ou propostas poderiam oferecer, quanto cada um custaria e como os concorrentes, clientes e fornecedores responderiam.

A rigor, o plano **em si** pode não ser parte do jogo. Ao invés disso, é algo que se poderia ver como um caderno de regras criado com base naquilo que os participantes aprenderam durante o processo de delineamento da estratégia. Esta é uma das razões pelas quais empresas e indivíduos devem ser ágeis e dispostos a mudar regularmente os planos. Por exemplo, se um concorrente responde de uma maneira completamente diferente do que você imaginou, por definição o plano está falho – uma vez que tudo o que acontecer depois será diferente do imaginado. Isto está diretamente relacionado com o que o presidente Eisenhower[3] quis dizer com: **"Planos não são nada; planejamento é tudo."**

Planejamento/Desenvolvimento de cenário

No desenvolvimento de cenário, os participantes se encontram para criar narrativas de uma série de futuros plausíveis para que possam utilizar isto na melhoria do processo decisório. As narrativas são desenvolvidas com a utilização de um conjunto muito específico de regras (processos) e linguagem única. Enquanto os próprios cenários são claramente produtos da imaginação e não tem valor dentro ou fora de si mesmos, ajudam os participantes a criar um conhecimento que pode ser utilizado no processo de decisão. Eles também permitem que todos os envolvidos tenham *insights* que os ajudarão a ver mudanças sutis que de outra maneira não teriam percebido.

---

3 – Presidente dos EUA de 1953 até 1961.

Orçamento

Finalmente existe o orçamento, que aparenta não ser uma atividade que as pessoas associem com jogo. Entretanto, quando olhamos de perto, percebemos que as atividades envolvidas em um processo orçamentário ideal, claramente apresentam algumas das qualidades que definem o jogo com propósito e se conectam estreitamente com as três características que definem o *serious play*. O propósito claro e explicitamente definido é imaginar o que pode ser produzido e vendido e, onde pode ser produzido e vendido e não, na verdade, produzir, comprar ou vender qualquer coisa. No orçamento, os participantes geralmente imaginam o que a empresa vai produzir ou entregar em um dado prazo e, que tipo de investimentos seriam necessários. Assim, segue a primeira e segunda características do *serious play*. Finalmente, os participantes do processo orçamentário seguem uma linguagem muito específica de números de contabilidade além de regras sobre como as coisas se somam e por que período são relevantes. Esta não é uma linguagem que a maioria dos gestores utiliza em outros contextos, o que faz com que se encaixe na terceira regra do *seriuos play*.

É claro que o orçamento nem sempre segue os passos do *serious play*. Ele é alterado para representar algo bem diferente (por exemplo: competição por recursos ou a preparação de alguém para o sucesso). De qualquer maneira, o processo orçamentário em sua mais pura forma pode ser categorizado como *serious play*.

RECURSOS

Abaixo nós mencionamos alguns livros e *sites* que descrevem processos que demonstram características de *serious play*.

- Jogos de guerra e exército: *Pax Ludens:* www.paxludens.org/
- Delineamento de estratégia: *Jogar para Vencer* de A. G. Lafley e Roger L. Martin (*Harvard Business School Publishing*, 2013); *Good Strategy/Bad Strategy* de Richard Rumelt (Crown Business, 2011); *Must-Win Battles* de Peter Killing e Thomas Malknight com Tracey Keys (Prentice Hall, 2006)

- Planejamento/desenvolvimento de cenários: *The Sixth Sense* de Kees van der Heijden *et al.* (*John Wiley & Sons, 2002*), *Scenarios* de Kees van der Heijden . (John Wiley & Sons, 2nd ed., 2005), e *Transformative Scenario Planning* de Adam Kahane (Berrett-Koehler, 2012)

A demanda ou necessidade, o bloco LEGO e o conceito de *serious play* são elementos essenciais no que compõe o método LEGO SERIOUS PLAY. Nos voltaremos agora para o que define o método.

CAPÍTULO 4
O método LEGO® SERIOUS PLAY®

O método LEGO SERIOUS PLAY é uma maneira regular e sistemática para se alcançar o que descrevemos nos capítulos anteriores com a utilização dos blocos LEGO e do conceito de *serious play* como principais alavancas.

Como observado anteriormente, a necessidade que deu origem à ideia para o LEGO SERIOUS PLAY, **não** veio do desejo de se desenvolver um método que ajudasse grupos e indivíduos a pensar, se comunicar, e resolver problemas juntos – nem por um momento. Ao invés disto, o ímpeto foi exclusivamente usar a combinação de blocos e o *serious play* **para ajudar um time executivo a trazer mais imaginação** para o desenvolvimento de estratégias. Hoje, nos referimos à solução deste desafio particular como "Estratégia LEGO SERIOUS PLAY em Tempo Real para Aplicações Corporativas". Este é um *workshop* particular no qual o método é aplicado.

Quando analisamos o método LEGO SERIOUS PLAY, normalmente dividimos a definição em três partes:

1. É um conjunto sistemático de princípios de dinâmicas de grupos.
2. É um conjunto de princípios para o uso sistemático de blocos LEGO.
3. É o uso sistemático das técnicas de LEGO SERIOUS PLAY, que consistem em um processo central e sete Técnicas de Aplicação (TAs).

As três partes são entrelaçadas e inseparáveis. Se você tentar utilizar apenas uma delas sem as demais, simplesmente **não funcionará** – e não poderia ser categorizada como LEGO SERIOUS PLAY.

O propósito dos procedimentos de dinâmica de grupo é destruir a síndrome das reuniões 20/80, uma tendência que discutimos anteriormente no Capítulo 1. Esta é, uma situação na qual 20% dos participantes de uma reunião, utilizam 80% do tempo para falar sobre **seu** conhecimento e **suas** intenções. O objetivo com LEGO SERIOUS PLAY é, ao invés disso criar o que chamamos reuniões 100/100 – onde todos os presentes se sintam compelidos a oferecer seus *insights* e possam maximizar sua confiança e comprometimento por meio da utilização plena de seu potencial.

Podemos resumir os princípios para os procedimentos de dinâmicas de grupo como segue:

- Exigir que todos participem **o tempo todo** (100/100).
- Exigir que todos participem em todas as fases do processo LEGO SERIOUS PLAY.
- Introduzir o processo LEGO SERIOUS PLAY de maneira **inclusiva para todos**.
- Liderar o grupo como um **facilitador** e, não como um consultor, treinador, professor ou instrutor.
- Facilitar um **processo 100% democrático**.
- Oferecer tempo para as pessoas **refletirem e escolherem seus pensamentos** antes que qualquer um comece a falar.

O propósito do uso sistemático dos bloco LEGO é fazer com que os modelos - e não um dos indivíduos presentes - sejam o centro da atenção nas reuniões. Os princípios para o uso sistemático de blocos LEGO são:

- O bloco LEGO é utilizado para **desbloquear e construir novos conhecimentos**, e não para transmitir a resposta ou conhecimento de alguém.
- **Não existe um jeito certo** de se construir com blocos LEGO.
- Todos têm a **obrigação de construir** e o **direito de contar a sua história** no modelo LEGO.
- O **construtor detém** o modelo LEGO e sua história.
- Você **tem que aceitar o significado do construtor** e sua história no modelo LEGO.
- **Questione o modelo LEGO** e sua história - não a pessoa.

As técnicas de LEGO SERIOUS PLAY incluem um processo central de quatro passos (veja a Figura 4.1) e um conjunto de sete **técnicas de aplicação** (TA) claramente definidas (Figura 4.2) que estão descritas a seguir.

Veremos cada modelo em detalhes.

O PROCESSO CENTRAL

O **processo** central é o sistema operacional básico do método LEGO SERIOUS PLAY. É a sintaxe em uma linguagem que ajuda os participantes a colocarem em palavras o que eles sabem e, não sabem que sabem. As **perguntas** que serão feitas no passo 1 do processo central determinarão o conteúdo dos passos 2, 3 e 4.

O processo Central Lego Serious Play (LSP)
Passo 1 Fazendo a pergunta
Passo 2 Construção
Passo 3 Compartilhando
Passo 4 Reflexão

FIGURA 4.1 – O processo central LEGO SERIOUS PLAY
© 2014 Associação de *Master Trainers*.

Técnicas de Aplicação (TDs) do LSP
1 – Construindo modelos e histórias individuais.
2 – Construindo modelos e histórias compartilhadas.
3 – Criando um cenário.
4 – Fazendo conexões.
5 – Construindo um sistema.
6 – Jogando com eventos emergentes e decisões.
7 – Extraindo princípios guias simples.

FIGURA 4.2 – As TAs do LEGO SERIOUS PLAY
© 2014 Associação de *Master Trainers*.

O passo 2, **construção**, é o tempo para construir e pensar, durante o qual, os participantes constroem modelos e histórias que respondem à pergunta que foi feita no passo 1. É importante notar que, quando estão construindo algo concreto, os participantes estão também construindo novos *insights* e conexões em suas mentes (veja Capítulo 6). O passo 3, compartilhando, naturalmente segue o passo 2. Neste momento, todos **compartilham** seus modelos e histórias. Esta versão de diálogo distribuído, assegura que a perspectiva e *insights* de todos sejam compartilhados. O processo central é, então, completado com o passo 4, **reflexão**, no qual depois de cada história, o facilitador e outros participantes refletem sobre o que ouviram e talvez, sobre aquilo que podem ver no modelo, mas não entendem. A reflexão é feita por meio de perguntas sobre o que se pode ver modelo e sobre o significado dos diferentes elementos.

É importante notar que não há perguntas padrão no método LEGO SERIOUS PLAY. As perguntas feitas pelo facilitador dependem inteiramente do que está sendo discutido pelo grupo. Todas as perguntas são exclusivas para o tópico/assunto que está sendo tratado por meio da utilização do método. Tanto o processo central quanto as TAs referem-se a **processos sem conteúdo** – até que o facilitador adicione conteúdo para alcançar os objetivos desejados com a intervenção do método LEGO SERIOUS PLAY.

Combinado com os princípios de dinâmica de grupo e com os princípios para uso sistemático dos blocos LEGO descritos anteriormente, o processo central de quatro passos garante que o método LEGO SERIOUS PLAY sempre cumpra os seguintes objetivos:

- Obter **100% de participação** de todos no grupo.
- Dar **tempo para todos os participantes pensarem** antes de falar.
- Ouvir e ser capaz de **apreciar a visão única de cada pessoa** sobre o assunto em questão.
- Fazer com que todos os presentes **assumam a responsabilidade** e sejam parte da discussão e tomada de decisão.
- **Comunicar** de uma maneira que:
  - Ajude todos a **expressarem** seus **pensamentos** e *insights*.
  - Auxilie o ouvinte a **entender** e **lembrar** o que é dito.

- **Minimize** os riscos de **mal entendimento** e falhas de comunicação.
- Ofereça suporte **igual** para todos os estilos de comunicação (auditivo, visual e cinestésico).
- Estimule todos os presentes a **focar na mensagem** e não no mensageiro.

Experimentamos um momento de avanço no desenvolvimento do método LEGO SERIOUS PLAY, quando reconhecemos a importância dos quatro fatores que se seguem. De fato, descobrimos que eles são altamente críticos para o sucesso do processo durante a duração de todo o *workshop* e, particularmente quando as pessoas vivenciam o método pela primeira vez.

Fator 1: Todos os participantes precisam começar com um conjunto de blocos idêntico.

Fator 2: Cada participante precisa começar com a construção de seu próprio modelo e história.

Fator 3: Os participantes veem o bloco como uma metáfora e não como uma metonímia. Metáfora é uma figura de linguagem que descreve o tema afirmando que, ele é, em algum nível semelhante ao objeto utilizado – por exemplo o modelo LEGO – ainda que ele seja muito diferente (exemplo: a competição é como uma raposa, astuta e rápida). Como mencionamos no Capítulo 1, a metonímia também é uma figura de linguagem para a qual um objeto simplesmente está no lugar (representa) de outro.

Fator 4: É necessário haver nos primeiros 45 ou 60 min do *workshop*, uma introdução prática, 100% segura, altamente estruturada e infalível.

Apesar de cada *workshop* LEGO SERIOUS PLAY ser único – e é, ele foi desenhado para alcançar os objetivos específicos da intervenção – a introdução do *workshop* sempre segue a mesma estrutura, sintaxe e progressão, para acomodar estes quatro fatores críticos.

AS SETE TÉCNICAS DE APLICAÇÃO (TAs)

Cada uma das sete técnicas de aplicação (veja Figura 4.2) tem um propósito e função específicos no método LEGO SERIOUS PLAY, dependendo dos objetivos do *workhosp*.

A seguir uma breve descrição de cada uma das sete TAs.

TA1: Construindo modelos e histórias individuais

O propósito da TA1, é fazer com que cada indivíduo desbloqueie novos conhecimentos e, consequentemente esteja apto a comunicar este conhecimento para outras pessoas no grupo. O objetivo aqui é compartilhar o conhecimento que está vivo apenas na mente deste indivíduo, colocando-o na mesa onde todos podem vê-lo.

O exemplo à esquerda na Figura 4.3 representa a visão de alguém sobre confiança, enquanto o exemplo da direita representa o conhecimento desbloqueado de alguém sobre a identidade da empresa, onde o núcleo é criativo, dinâmico, desorganizado, e dirigido por quatro pessoas, entre as quais duas são mais dominantes. O quadro representa uma vista externa da empresa muito colorida e estruturada.

FIGURA 4.3 – TA1 em uso: construindo modelos e histórias individuais para desbloquear novos conhecimentos.

TA2: Construindo modelos e histórias compartilhadas

O propósito da TA2, é fazer com que o time tome decisões com base no entendimento compartilhado sobre um dado tópico, por meio da consolidação de vários modelos deste, em um modelo compartilhado. O uso da TA2 é sempre precedido do uso da TA1. O exemplo da esquerda na Figura 4.4, mostra o processo em execução e, o exemplo da direita, mostra como o grupo estruturou seu modelo compartilhado (o modelo no centro da mesa) utilizando componentes de seus modelos individuais (TA1) e desbloqueando seu conhecimento sobre o tópico em exploração.

TA3: Criando um cenário

O propósito de TA3, é analisar, categorizar e encontrar semelhanças, diferenças e padrões, e assim sucessivamente, na coleção de modelos individuais, sem perder nenhum detalhe ou significado original. Os exemplos da Figura 4.5 mostram dois usos desta técnica para a fragmentação de conhecimento.

FIGURA 4.4 – TA2 em uso: construindo modelos e histórias compartilhadas para chegar a uma decisão conjunta.

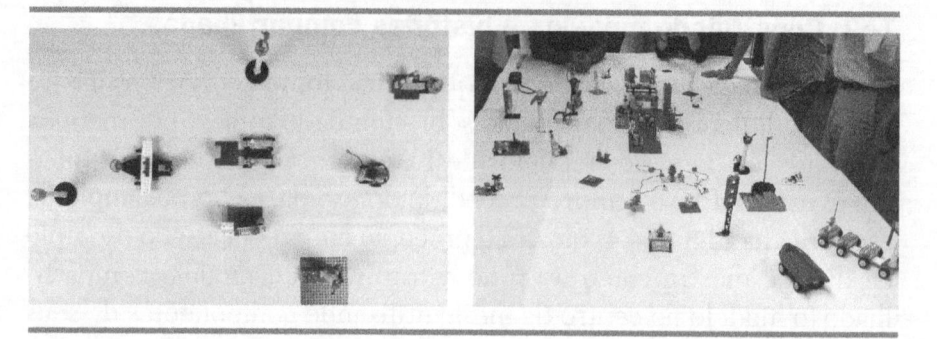

FIGURA 4.5 – TA3 em uso: criando um cenário para analisar as variáveis e ver o quadro todo.

TA4: Fazendo conexões

O objetivo aqui é identificar relações entre os significados de dois modelos LEGO já construídos, por meio do estabelecimento de um *link* físico entre dois ou mais modelos LEGO construídos previamente (veja Figura 4.6). Quando criam conexões, as peças LEGO podem, elas mesmas, serem parte da história (por exemplo: a diferença entre utilizar uma corrente, um fio ou um tubo para a conexão).

TA5: Construindo um sistema

Aqui, os participantes exploram e identificam sistemas e seu impacto. Desta forma, a TA5 é uma extensão da TA4, estabelecendo conexões. Quando modelos múltiplos são conectados de tal maneira, que um efeito cascata ou impacto imprevisto pode ocorrer, chamamos isto de sistema. Construir um sistema, é a continuação das conexões para construir a rede completa como ilustra a Figura 4.7.

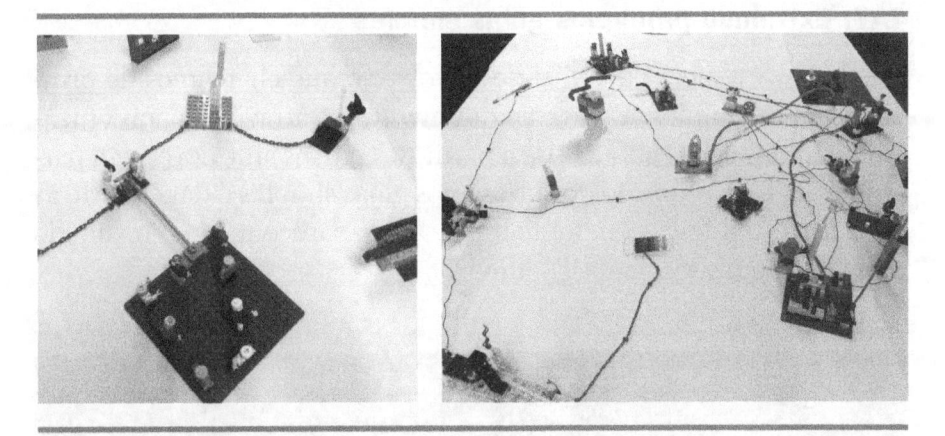

FIGURA 4.6 – TA 4 em uso: fazendo conexões para identificar as relações entre as variáveis e suas características.

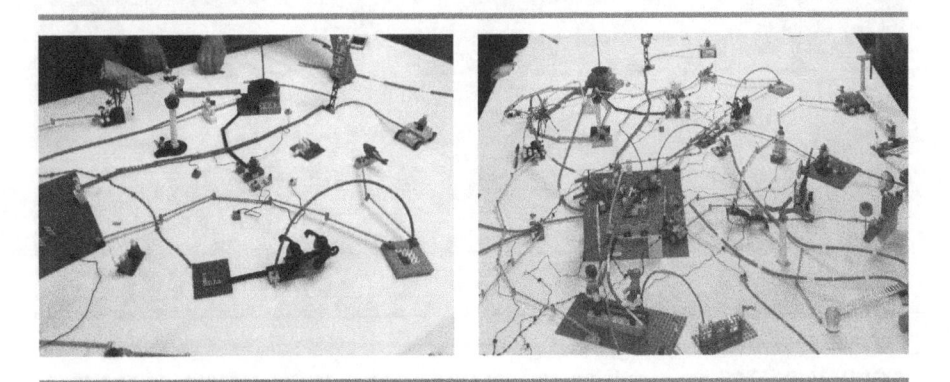

FIGURA 4.7 – TA5 em uso: construindo um sistema para mapear a rede complexa conectando as variáveis.

TA6: Jogando com emergência e decisões

O objetivo da TA6 é **criar estratégias**, ou seja, interpretar cenários e decisões para explorar e investigar como o sistema é afetado e, como responderá a eventos múltiplos, imprevisíveis e dinâmicos, e a estratégias diferentes. a TA5 é um pré-requisito para uma TA6 rica e completa. Na ilustração da Figura 4.8 o grupo está jogando com eventos emergentes e testando decisões com o sistema previamente desenvolvido.

TA7: Extraindo princípios guias simples

Finalmente, a meta da TA7 é desenvolver o que chamamos de princípios guias simples. Estes, são desenvolvidos através da aprendizagem e informações adquiridas a partir dos passos anteriores, em particular na TA6. A função dos princípios guias simples é dar suporte às decisões estratégicas em tempo real. Eles aparecem como resultado do jogo com o sistema na TA anterior.

FIGURA 4.8 – TA6 em uso: jogando com eventos emergentes e testando decisões para adquirir *insights* sobre a reação do sistema à mudanças e explorando o impacto das decisões em resposta às mudanças promovidas no sistema.

É essencial notar que não é necessário empregar as sete TAs em ordem, isto é, este **não é um processo linear** de TA1 à TA7. Ele sempre começa com TA1, mas a partir daí, pode ir para TA2 ou pular para TA3 ou TA4 por exemplo.

Contudo, em casos como TA6 e TA7, TA1 a TA5 são passos intermediários necessários para a experiência completa.

Em geral, da mesma forma que a complexidade da TA aumenta a medida que você sobe ou desce nesta escala, o mesmo acontece com o valor que você cria em cada passo.

AS ARMADILHAS DO FACILITADOR

LEGO SERIOUS PLAY é um método facilitado por alguém, portanto um facilitador é necessário para guiar a evolução, para manter o *serious play* e a ausência de risco, garantindo a progressão. Construir e contar histórias com o uso dos blocos LEGO, quase sempre será agradável e divertido. Entretanto, um facilitador habilidoso tem um valor inestimável para o alcance dos objetivos específicos para o negócio, para o time, e para o desenvolvimento pessoal. Os facilitadores participam de uma formação abrangente antes de se engajarem no *design* e facilitação com os usuários finais.

As responsabilidades do facilitador abrangem liderar o processo respeitando os princípios das dinâmicas de grupo listadas acima para o uso dos blocos LEGO e, o uso do processo central e TAs. Os facilitadores devem fazer isto de acordo com as especificações fornecidas a eles durante o treinamento. O papel do facilitador não é produzir uma resposta ou conhecimento específico a cerca do assunto complexo com o qual os participantes tem que lidar no *workshop*. Eles simplesmente estão lá para ajudar os participantes a encontrarem a solução em seu próprio sistema. Estes profissionais são treinados para fazer isso por meio do enquadramento e colocação de perguntas relevantes, utilizando o processo central e a TA apropriada.

Temos visto muitos facilitadores excelentes durante nossos 12 anos com LEGO SERIOUS PLAY. Também testemunhamos alguns que eram menos notáveis. Como resultado destas observações, começamos a compilar há alguns anos, uma lista do que chamamos **"armadilhas do facilitador"**. Presenciamos as *top five* (cinco principais) abaixo, emergirem ao longo dos anos.

Armadilha 1: O facilitador se torna um consultor

Fica claro que o facilitador caiu nesta armadilha quando começa a delinear suas conclusões, dar conselhos ou assumir a condução da reunião. O impacto que se experimenta nestas situações é o grupo sair do *flow* quase imediatamente.

Armadilha 2: O facilitador esquece como é quando os participantes ainda não são familiares com o processo

O método LEGO SERIOUS PLAY ainda é uma experiência muito incomum, oposta ao que a intuição indicaria e, disruptiva para a maioria das pessoas do mundo dos negócios. Isto requer do facilitador um grande cuidado no estabelecimento de metas para que o encontro não se torne um evento focado na construção com uso de blocos LEGO. Outra maneira de se cair na armadilha, é a não utilização do que chamamos desenvolvimento de habilidades (veja Capítulo 8) no início do *workshop,* para ajudar os participantes a se familiarizarem com o método, com os blocos e com o uso de metáforas.

Armadilha 3: O facilitador começa o resgate muito cedo

O método LEGO SERIOUS PLAY é desenhado para tirar as pessoas de sua zona de conforto. Às vezes os participantes se frustram (ou começam a se frustrar), e buscam alguém que lhes dê direção e respostas aos desafios que estão enfrentando. É neste momento que a aprendizagem mais poderosa está acontecendo – por mais que o facilitador possa querer, iniciar o resgate muito cedo, tomando o controle e assumindo a responsabilidade pelas respostas, isto é raramente uma boa ideia.

Isto poderia acontecer, por exemplo, durante a TA 3 quando os participantes estão criando um cenário com seus modelos individuais. Neste ponto, os participantes frequentemente sofrem tentando encontrar uma narrativa abrangente que conecte os modelos e, nestas condições é tentador para o facilitador ajudar com uma observação que faria o processo parecer mais fácil.

Sendo uma armadilha fácil para se cair, esta é uma que o facilitador deve se esforçar para evitar, como deveriam os líderes na maioria dos casos, mas isto é uma história diferente. O que normalmente acontece se o facilitador cai em uma armadilha, é que o processo parece mais fácil para os participantes, entretanto, menos *insights* são criados e as pessoas se comprometem menos com o resultado.

Armadilha 4: O facilitador permite que a história fuja do modelo LEGO

Isto acontece quando o facilitador permite que as pessoas saiam pela tangente e entrem em tópicos **não** representados em suas construções LEGO. Normalmente o participante faz uma longa introdução à sua história ou continua falando após ter compartilhado a história do modelo. Quando eles continuam falando você geralmente os vê eretos em suas cadeiras, então eles se inclinam para trás e olham para um lugar aleatório. É neste momento que mudam de assunto para seus argumentos corriqueiros e projetos preferidos. Rapidamente os demais integrantes do grupo adotarão a mesma postura, se desengajarão, e sua atenção será perdida. Os participantes estão interessados em novos *insights*, eles querem ouvir a história do modelo, e não histórias sobre outras coisas. O facilitador tem que manter o foco do *workshop*.

Armadilha 5: O facilitador não tem um plano B

Como discutimos previamente, o método LEGO SERIOUS PLAY é uma abordagem democrática e dirigida pelos participantes para lidar com assuntos complexos que são reais e relevantes para todos no *workshop* de intervenção. Por isso, empodera as pessoas quando elas são capazes de pensar, se comunicar e se expressar. Entretanto, quando você coloca tais forças em ação, o resultado pode ser diferente do que você imaginou. Ninguém pode prever o resultado que virá numa rodada de construção, seja ela individual ou compartilhada. Podem surgir novos *insights* surpreendentes, ou talvez, a construção do modelo compartilhado revele a existência de dois entendimentos sobre a mesma coisa. Em outros casos, as histórias de uma rodada podem mostrar que ao invés de se falar sobre clientes, por exemplo, o que realmente precisa ser discutido é a exploração das competências organizacionais.

Portanto, o método LEGO SERIOUS PLAY não requer apenas um fluxo de processo bem pensado, ele também demanda que o facilitador seja capaz de fazer mudanças e alterações num piscar de olhos. O facilitador precisa saber no mínimo, que partes pular se uma demorar mais que o esperado, ou melhor, deve ter um plano B pronto para ser colocado em prática. Um plano B adequado, deve ter o desenho completo de uma estrada alternativa. Se X acontecer, então isto é o que vou fazer. O facilitador também precisa estar pronto para desenvolver um plano C num piscar de olhos, se o *workshop* tomar um rumo imprevisível.

APLICANDO O MÉTODO LEGO SERIOUS PLAY

Os desafios complexos para os quais os líderes pensam no método LEGO SERIOS PLAY como solução, em geral se enquadram em um dos domínios representados na Figura 4.9.

Desenvolvimento organizacional cobre um leque abrangente de áreas entre as quais estão a estratégia, os negócios, a administração, inovação e desenvolvimento de produtos assim como a educação. Em suma, inclui qualquer assunto complexo que não esteja focado no desenvolvimento pessoal ou de equipes. A sobreposição das elipses indica que sempre há algum nível de desenvolvimento de pessoas e de equipes acontecendo, onde quer que você aplique o método LEGO SERIOUS PLAY para um grupo.

Utilizamos o termo **desenvolvimento** intencionalmente em todas as três áreas. Anteriormente descrevemos as três necessidades essenciais que endereçamos com o método LEGO SERIOUS PLAY, mostradas novamente na Figura 4.10.

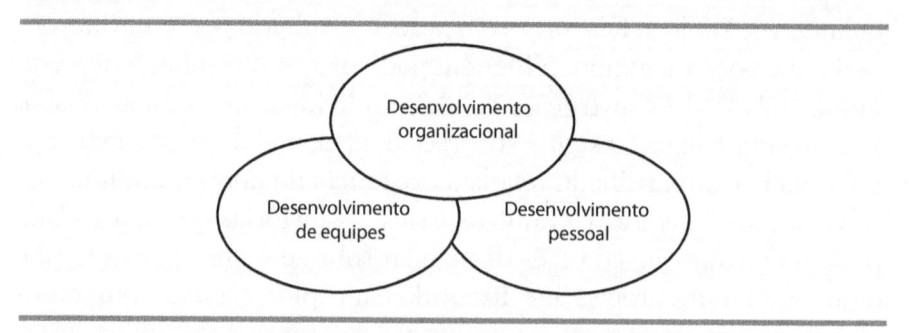

FIGURA 4.9 – Desenvolvimento organizacional, de equipes ou pessoal.

```
┌─────────────┐      ┌──────────────┐      ┌──────────────┐
│  Criando    │  →   │ Desbloqueando│  →   │  Quebrando o │
│ engajamento │      │novos conhecimentos│ │  pensamento  │
│             │      │              │      │  convencional│
└─────────────┘      └──────────────┘      └──────────────┘
```

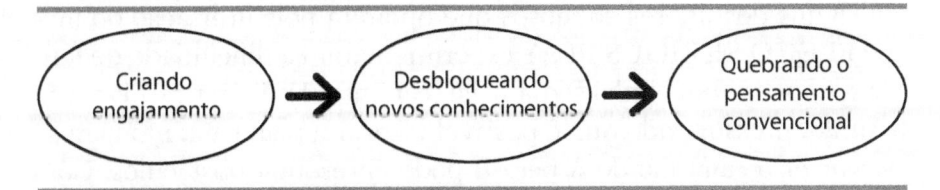

FIGURA 4.10 – O propósito essencial do método LEGO SERIUOS PLAY.

O denominador comum das três necessidades, é o desejo de utilizarmos nossa imaginação para primeiro visualizar, e então alcançar um estado diferente do atual. Isto pode envolver o desenvolvimento de uma nova estratégia, um modelo de negócios melhor, um novo conjunto de valores culturais, uma nova visão, uma equipe mais efetiva ou uma cultura mais inovadora. Nos referimos a esta jornada como o percurso do ponto A, estado atual, até B, o novo estado.

Mencionamos anteriormente que, o método LEGO SERIOUS PLAY é para líderes corajosos, em organizações e grupos que estejam enfrentando desafios complexos. Uma maneira de definirmos **complexidade** nesta instância, é como aquilo que envolve múltiplos *stakeholders* (interessados) operando em um ambiente dinâmico com um certo nível de imprevisibilidade. É uma situação que impossibilita a movimentação de A para B em linha reta, como mostra a Figura 4.11, no caminho 1 de A para B. Por exemplo, quando um departamento quer trabalhar de uma proposta de valor atual para uma nova. Neste caso, um número de *stakeholders* e seus vários desejos e agendas podem impactar o caminho.

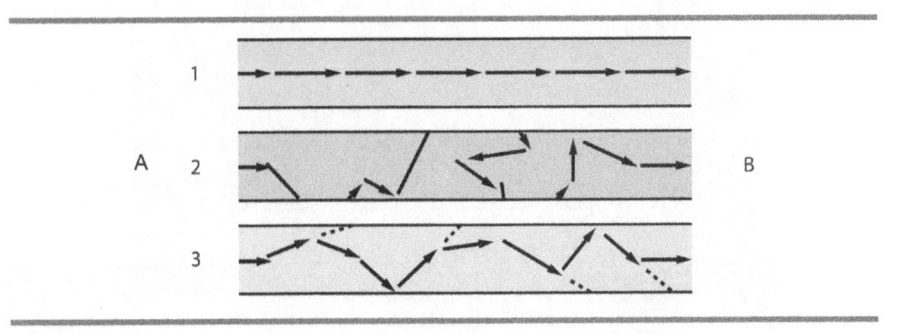

FIGURA 4.11 – Três caminhos possíveis para levar você de seu ponto inicial a seu objetivo.

Alguns dos líderes corajosos que optaram pela utilização do método LEGO SERIOUS PLAY experimentaram a dificuldade de tentar se mover numa linha sequencial (caminho 1). Tentar resolver um assunto, pressupondo que é possível fazer um planejamento para se percorrer o caminho de A para B pode apresentar obstáculos. Com frequência, pode-se nunca conseguir chegar até B (caminho 2). Isto pode acontecer porque o sistema respondeu de uma maneira muito diferente do que se esperava e de forma não linear, e isto nunca foi testado. Ou talvez um *stakeholder* não tenha sido atendido.

Em contraste, vemos como o método LEGO SERIOUS PLAY lida com assuntos complexos no caminho 3. Líderes que utilizam este método, aceitam que o caminho para chegar de A até B será um processo em ziguezague – que terá sucesso apenas com o envolvimento de todos, com o desbloqueio de novos conhecimentos e conhecimentos tácitos, e com a quebra do pensamento convencional.

Mais tarde, neste livro, conduziremos você através de diversos exemplos de casos reais nos quais LEGO SERIOUS PLAY foi aplicado no desenvolvimento organizacional, de times e de pessoas. Mas, antes de fazer isto vamos contemplar a etiqueta LEGO SERIOUS PLAY, e então daremos um passo atrás para levar você a conhecer algumas teorias científicas que embasam a metodologia.

CAPÍTULO 5
Contemplando o território LEGO® SERIOUS PLAY®

Quando você vê um avião do tipo Boeing 747 acelerando na pista para decolar é normal se perguntar: como é possível que uma coisa tão grande consiga sair do chão? Apesar de termos **total certeza** de que ele irá levantar voo – mesmo que a gente saiba de toda a física por trás – não deixa de parecer uma façanha, mesmo depois de tanto tempo vendo aviões subirem e descerem do céu. A maioria de nós sabe que a simples diferença de velocidade no fluxo de ar que corre acima e abaixo das asas é suficiente para levantar 440.000 kg no ar, de forma graciosa; ainda que pareça algo incrível toda vez que assistimos isso acontecer. Entretanto, apesar de todo esse questionamento, continuamos confiando nossas vidas a essa lei da física e ao conjunto de habilidades dos pilotos, que gerenciam todo o processo de nos levar do ponto A ao B, da forma mais rápida e segura possível.

Existem diversas similaridades entre essa experiência e o uso do método LEGO SERIOUS PLAY. Parece ser contra o senso comum que um método em que se passa boa parte do tempo construindo e brincando com blocos de LEGO – e as opiniões de todos foram ouvidas, sobre assuntos complexos e multifacetados – pode levar você, de maneira mais fácil e confiável, do ponto A ao B, do que as configurações tradicionais de reuniões utilizadas por décadas. E quanto mais você olha, mais frágil e aparentemente simples isso parece.

Nem sempre nós refletimos sobre toda a física envolvida quando pegamos um avião para algum lugar e nos deslocamos pelo ar. De maneira similar, os participantes envolvidos em um processo de imersão na metodologia LEGO SERIOUS PLAY não pensam de maneira consciente sobre toda a **"física"** envolvida ali. Em vez disso, eles confiam baseados na experiência de que esse processo abordará suas necessidades e os levará aonde querem chegar.

Nós utilizamos o ato de voar como uma analogia para muitas outras razões, além das que já foram apresentadas:

1. Chegar de avião do ponto A ao B é um processo mais complexo do que parece.
2. É necessário muito treino e capacitação para que um piloto adquira as habilidades necessárias para voar de forma segura entre A e B.
3. Nem tudo o que parece um avião pode voar.

Esses três pontos estão presentes no LEGO SERIOUS PLAY.

Desenvolver a metodologia LEGO SERIOUS PLAY é um trabalho muito mais complexo do que parece à primeira vista. É uma linguagem simples, no entanto, ela tem uma sintaxe única, em que os participantes acrescentam seus significados conforme o processo se desenrola. A **facilitação** é a arte e a capacidade que faz essa linguagem desenvolver-se com significado, levando você aonde quer chegar. O valor desse método deve-se ao fato de ser fiel aos conceitos de facilitação e *design*. Assim como pilotar um avião, dominar a facilitação e o *design* de *workshops* com o LEGO SERIOUS PLAY é impossível sem treinamento. Consequentemente, o programa de treinamento de um facilitador sobre o método é resultado de um número de interações que abrangem mais de 12 anos. Atualmente, o treinamento de um facilitador acontece no decorrer de quatro dias intensivos de atividades que combinam experiência, teoria e prática.

A prática vem do *design* de *workshops*, isso porque todos os *workshops* de LEGO SERIOUS PLAY são customizados para atender necessidades específicas dos clientes/participantes. Assim como já foi mencionado diversas vezes, é um método, uma técnica e uma linguagem **sem conteúdo**. É aqui que está a diferença entre ser um piloto e um facilitador de LEGO SERIOUS PLAY. Esse último não apenas tem que "voar" com os participantes do ponto A ao B; ele ou ela também precisa desenhar e construir o avião – utilizando os elementos presentes no território LEGO SERIOUS PLAY – que os levará.

Assim como descrito no ponto 3, "que nem tudo o que parece um avião pode voar", existem diversas outras maneiras de utilizar os blocos de LEGO para o âmbito dos negócios que **não são** LEGO SERIOUS PLAY. Desde que as peças de LEGO tornaram-se mais acessíveis, consultores inovadores desenvolveram formas divertidas de utilizá-las, seja para atividades em grupo ou para quebrar o gelo.

Entretanto, para um processo ser considerado LEGO SERIOUS PLAY é preciso preencher o critério apresentado na Parte I desse livro. Muitos desses critérios são difíceis de mensurar, além de incluir crenças, valores e comportamentos. Tudo isso está englobado na próxima seção sobre a etiqueta do LEGO SERIOUS PLAY. Essa etiqueta resume experiências, ciências, formas e práticas que evoluíram ao longo do tempo. É a alma do método e o que torna esse processo tão poderoso. Seguir a etiqueta é essencial para o sucesso do *workshop*; ela amarra os diferentes aspectos do método e todos os facilitadores treinados para aplicá-lo. Quando o resultado de um *workshop* é tido como de pouco sucesso para um facilitador, provavelmente houve o descumprimento da etiqueta e suas regras.

A ETIQUETA DO LEGO SERIOUS PLAY

O dicionário define etiqueta como: **"As formas e práticas prescritas pela convenção social ou pela autoridade."** A etiqueta do LEGO SERIOUS PLAY é um pouquinho diferente. Ela resume experiências, ciência, formas e práticas que evoluíram ao longo dos anos.

A etiqueta abrange três pontos importantes:

1. **Crenças** ou valores fundamentais para se engajar no processo LEGO SERIOUS PLAY.
2. **Processo** ou como você age como um facilitador. Por exemplo, o seu comportamento.
3. **Dinâmica do grupo** ou como o grupo age e se comporta – o comportamento que você facilita para existir.

Os tópicos que seguem parecem lidar com nuances sutis do comportamento, mas eles estão apenas mantendo a relação natural dos seres humanos envolvidos em uma brincadeira séria. Os tópicos começam com crenças, continuam com processo e depois seguem para dinâmica do grupo.

Quem é responsável por aderir à etiqueta LEGO SERIOUS PLAY?

O LEGO SERIOUS PLAY é um método para grupos e times. Qualquer processo deve ter um facilitador ou um líder de processo certificado, que possibilita o *workshop* de acordo com as regras definidas na etiqueta.

Quando o seu papel é de **facilitador**, você não faz parte do processo em si para o grupo. Você pode auxiliar com a construção, mas apenas em um nível técnico – como pegar e juntar as peças da forma que os participantes querem. Você não constrói os seus próprios modelos ou conta suas histórias.

Quando o seu papel é de **líder de processo** em um grupo que já está familiarizado com o método, você é parte do processo para eles. Você participa no mesmo nível em que todos os outros. Você constrói, dá significado e faz histórias, assim como os outros participantes do grupo.

Ser um líder de processo é desempenhar um papel bem diferente de um facilitador. Como um líder de processo, você é um membro do sistema no qual a resposta está fixada, enquanto que um facilitador ajuda esse sistema a descobrir suas próprias respostas, sem assumir que as tenha (sendo um não-membro do sistema).

Crenças

A resposta está no sistema.

A complexidade da questão surgiu no sistema, e nesse mesmo sistema a resposta pode ser encontrada. O processo LEGO SERIOUS PLAY ajuda os membros do sistema a migrarem para um novo nível de conhecimento em que a resposta é construída (para expandir o sistema, por exemplo).

Qualquer pessoa pode utilizar o método LEGO SERIOUS PLAY.

O único requisito é ter mãos (ou pés). Especialistas em montar LEGO não tem nenhum tipo de vantagem. Você sempre tem a chance de aprender as técnicas e o conjunto de habilidades antes de ser desafiado com uma questão complexa. Nós nunca identificamos alguém como um *expert* em LEGO SERIOUS PLAY na frente de outros.

Não é sobre modelagem.

LEGO SERIOUS PLAY é sobre o **desbloqueio de conhecimento e a construção de novos**; não é sobre fazer uma representação física de algo. É a sobre a história que você é capaz de contar utilizando seu modelo.

Não é sobre transmitir as respostas ou conhecimento de alguém.

O método LEGO SERIOUS PLAY não faz as pessoas concordarem com decisões já tomadas; ele aborda a criação de conhecimento para resolver problemas. É sobre trazer ideias à tona e esclarecê-las.

Processo

Workshops com o método LEGO SERIOUS PLAY são sempre sobre utilizar os blocos para construir e partilhar uma história, e o processo sempre vai do individual para o compartilhado: o verdadeiro poder do processo está nessa sequência.

Se você pular a construção e apenas falar, a eficácia de toda a abordagem estará perdida. Pulando a construção de um modelo e, portanto, de novos conhecimentos, os participantes geralmente acabam reproduzindo verdades aceitáveis socialmente. Se você construir e não falar, um novo significado será criado individualmente, mas permanecerá implícito. Ele nunca surgirá ou será compartilhado.

Os desafios do LEGO SERIOUS PLAY sempre começam com modelos individuais. Isso garante a partilha de conhecimentos novos e originais, permitindo que todos os participantes se mantenham no fluxo.

LEGO SERIOUS PLAY sempre necessita de ao menos duas pessoas

É um processo para reuniões. Quando existem apenas duas pessoas e uma delas é o líder de processo, **ambas** tem parcelas iguais no processo de construção, significação e construção da história.

Sempre determine o desafio para que fique claro

Tenha certeza que os participantes entenderam porque eles estão construindo algo e fazendo histórias sobre um determinado tópico ou problema. Ressalte que eles vão precisar contar a história utilizando o modelo construído. Por outro lado, o desafio deve ser suficientemente aberto para que cada participante construa seu próprio conhecimento e significado sobre o assunto proposto.

Ofereça informações sobre o tempo disponível que eles têm (curto, médio ou longo), além de outros critérios que precisam levar em consideração antes de começarem a construção.

Confie no processo e retorne ao modelo

Em casos de desentendimentos ou mal-entendidos, **não tente** eleger protagonistas para discutir as diferenças ou falar cara-a-cara. Concentre nas questões e explanações para mantê-los firmes na concepção dos modelos e longe das pessoas. **Funciona**!

Dinâmica do grupo

O objetivo do LEGO SERIOUS PLAY é criar aquilo que chamamos de uma reunião 100/100 – em que todos os presentes sintam-se obrigados a trazer suas ideias à mesa, potencializando seu comprometimento e confiança ao máximo. Aqui está mais uma descrição detalhada sobre como a etiqueta do LEGO SERIOUS PLAY permite isso.

Todos participam em todas as fases

Não existe nada como dizer: "Eu não consigo pensar em nada para construir" ou "Eu não tenho uma história para contar" ou "Você pode me pular agora."

Se isso acontece, significa que alguém está querendo se descolar do processo. É como se um jogador estivesse sentado no meio da quadra de basquete, isso poderia fragmentar o fluxo para os outros. Esse fluxo é estabelecido de forma natural no início do processo. Permitir que um participante de repente se torne um observador, além de autorizar que ele ou ela não fique em situação vulnerável, significa colocar todos os outros numa situação contrária. Isso iria introduzir um jogo de poderes no *workshop*.

Quando você não sabe o que construir, comece construindo de qualquer forma

Pesquisas apontam que o uso das mãos estimula o aparecimento de ideias que não surgiriam em pensamento. Então, se os construtores estiverem travados, encoraje-os a começar a construir – qualquer coisa. Sempre funciona. Não tenha uma reunião de planejamento com você mesmo sobre o que construir.

Não existe uma maneira certa de construir

Você nunca dará instruções (uma planta ou um passo a passo) sobre o que e como construir. Não é sobre modelar a história de outra pessoa – é sobre dar forma aos seus pensamentos e ideias interiores.

Se você não pode construir com as peças, **construa com as suas palavras**. Às vezes, a urgência da sua ideia irá superar a sua habilidade de entregar uma construção completa da metáfora em tempo! Então, atenção às mãos expressivas e cuidadosas e use palavras para significar o que está no modelo. Como dizemos abaixo, às vezes qualquer bloco é capaz de atribuir um determinado significado.

É o seu significado no modelo
Os blocos não tem nenhum significado particular inerente ou um valor icônico pré-decidido – nem mesmo pessoas, barris ou rodas. Seja lá o que o construtor disser que aquilo representa, aquilo é o que é! Peça ao participante para esclarecer o significado, mas nunca critique a escolha de uma metáfora.

Quando me pedem para construir, você deve ouvir minha história
Em outras palavras, todo indivíduo que construiu alguma coisa deve, também, ter a oportunidade de criar uma história para o seu modelo e dividir seu significado com os outros. Construir um modelo e não ser capaz de compartilhar essa história é completamente sem sentido para os outros, além de ser destrutivo e desmoralizador para o construtor.

Quando me pedem para contar a minha história, você deve aceitá-la
Não apenas todas as histórias devem ser ouvidas, mas você precisa aceitar o que as pessoas dizem. Pode ser que nem sempre seja o que se quer ouvir, e você pode não concordar, mas tenha certeza de que ainda será uma valiosa visão oferecida pelo método mais construtivo e menos ameaçador possível.

Questione o modelo e sua história, mas não a pessoa
Sempre faça perguntas que garantam significados mais claros – tanto para o construtor, quanto para o ouvinte. Mas sempre pergunte sobre o modelo e a relação entre ele e a história, não sobre a pessoa e suas intenções e razões. Perguntar sobre motivos pessoais pode destruir a confiança e fragmentar o grupo. Questionando sobre o modelo, o conflito é retirado e o diálogo deixa de ser sobre uma relação pessoal passando a ser sobre o objeto. Fazer perguntas significa criar novo conhecimento, já que fazemos novas conexões no nosso cérebro ao dar um novo significado ao modelo.

O construtor é o proprietário do modelo
Seja lá o que você criou, é seu e é sagrado. Ninguém pode mudá-lo ou mover qualquer parte, a não ser que peçam permissão e você concorde com a maneira que sua história está sendo refeita. Assim como você não pode desmontar o modelo de alguém, sem antes pedir permissão ao construtor.

Permaneça no fluxo
Mesmo enquanto ideias e problemas são transferidos para o papel para futuras discussões, pode ser uma forte tentação discutir na hora algumas implicações. Como uma regra geral, não desvie do processo, a não ser que você esteja claramente decidido a fazê-lo.

Deve ser muito divertido para ser memorável
Você será desafiado aos limites da sua capacidade em um *workshop* baseado no método LEGO SERIOUS PLAY, mas nunca além. Espera-se que seja muito divertido, o que o tornará ainda mais emocionante e, às vezes, exaustivo.

Na Parte I nós focamos no território do LEGO SERIOUS PLAY, e nos conceitos chaves.

Na Parte II, nos voltamos para as teorias que ajudaram a formar e desenvolver ainda mais o método.

PARTE II

LEGO® SERIOUS PLAY®: A plataforma científica

A Parte II desse livro apresentará os domínios científicos do aprendizado, da psicologia e das áreas vizinhas em que o método LEGO SERIOUS PLAY cresceu, e nas quais encontramos as ideias que auxiliaram na evolução do método e na compreensão de seus resultados.

Esses resultados surgiram do aprendizado dos participantes. Nesse livro, falamos sobre aprendizado diversas vezes. Em resumo, para nós, aprendizado significa simplesmente dar sentido a uma experiência e incorporá-la aos nossos modelos mentais de mundo. Este fazer sentido é uma atividade totalmente criativa. Devemos fazê-la para nós mesmos, pois ninguém pode fazer isso por nós.

Por exemplo, ao ler sobre *flow* no Capítulo 8, você passará por uma importante experiência de aprendizado, conectando qualquer novo conhecimento com o que você já sabe e com o que pode relacionar. Não sabemos o que você já sabe e não podemos fazer essas conexões para você. Você é o único construtor dessas conexões.

Entretanto, antes de mergulharmos fundo nessas teorias, é importante ressaltar que o método LEGO SERIOUS PLAY não é baseado em nenhuma ciência inovadora. Em vez disso, como mencionado anteriormente, é resultado de pesquisas de ação e evidências extraídas de uma variedade de disciplinas e investigações comprovadas. Algumas delas já se encontravam na LEGO e algumas surgiram durante o desenvolvimento e a implementação do LEGO SERIOUS PLAY.

Essas disciplinas serão apresentadas nos próximos capítulos. Depois, explicaremos como cada uma delas é aplicada no LEGO SERIOUS PLAY, e como isso adiciona valor aos participantes.

A fim de trazer a aplicação de (algumas dessas) teorias para a vida, incluímos um pequeno número de exercícios práticos. Dessa forma, seria útil ter alguns blocos LEGO ao seu alcance quando você estiver lendo esta parte. Sugerimos que você vá pegá-los agora.

CAPÍTULO 6
Criando conhecimento – Dando uma ajuda ao seu cérebro

Sem os blocos LEGO não existiria o método LEGO® SERIOUS PLAY®. As peças estão para o processo como a luz do Sol está para as células solares; sem a luz solar, nenhuma energia é produzida. Mesmo assim, muitas pessoas que não estão familiarizadas com o LEGO® SERIOUS PLAY® acham o processo confuso. Eles se perguntam por que construir e contar histórias com blocos LEGO é um uso mais efetivo do tempo da equipe do que empregar métodos tradicionais para lidar com problemas complexos e desafios e achar soluções para eles – como apenas conversar.

Isso também pode ser um desafio para entender e aceitar que o modo preferido das **crianças**, de aprenderem sobre o mundo – através de interação prática – é de fato um modo mais eficiente também para adultos. Muitos acham inconcebível que este tipo de processo funcione mais eficientemente do que usar modos formais e abstratos de se pensar e comunicar em forma de palavras, tabelas, planilhas e gráficos.

Esse capítulo apresenta as teorias que abordam três tópicos intimamente conectados com o uso dos blocos LEGO:

1. Criando conhecimento por meio da construção de coisas no mundo.
2. Pensamento concreto *versus* pensamento formal abstrato.
3. Usando a mão como a linha de vanguarda da mente.

Vamos analisar cada um em detalhe.

CRIANDO CONHECIMENTO POR MEIO DA CONSTRUÇÃO DE COISAS NO MUNDO

Resumidamente, nós criamos conhecimento construindo coisas!

Tente isso: pense sobre os aspectos do seu trabalho que são especialmente motivacionais para você – as atividades, eventos e pessoas que te dão energia e **realmente** engajam você. Enquanto pensa sobre isso, pegue uma pilha de peças de LEGO para construir um pequeno modelo de LEGO que expresse um desses aspectos de um modo visual. Esse empreendimento vai ajudá-lo a explicar para uma criança de nove anos o que você acha altamente motivador e estimulante sobre seu trabalho. (Veja Figura 6.1.)

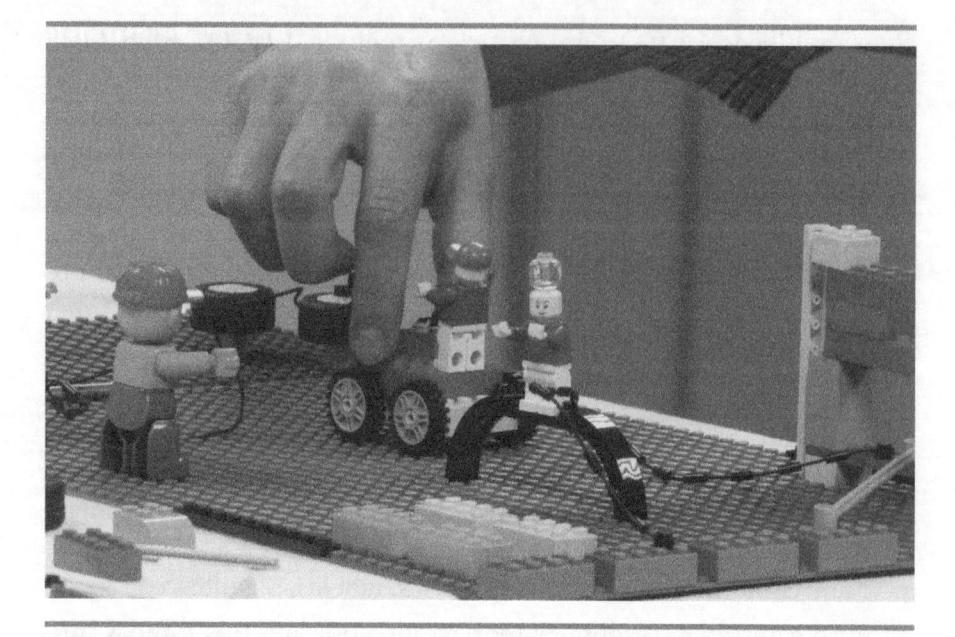

FIGURA 6.1 – Não tenha uma reunião consigo mesmo sobre o que você construirá. Apenas comece a construir e deixe suas mãos assumirem o controle.

Não se preocupe em fazer um plano antes de começar a construir. Apenas comece juntando algumas peças de um modo mais ou menos estruturado, enquanto simultaneamente você considera o que quer que a criança entenda. Você tem de quatro a cinco minutos. Deixe suas mãos assumirem o controle.

Agora você completou os primeiros dois passos no processo principal do LEGO SERIOUS PLAY. Nós lhe fizemos uma pergunta (passo 1), e você construiu um modelo de LEGO com significado (passo 2). Está na hora de passar para o passo 3 – compartilhando a história. Você pode fazer isso utilizando uma de duas maneiras: 1ª) com outra pessoa – uma criança de nove anos (como nós sugerimos no exemplo), sua esposa, ou seu amigo – ou 2ª) consigo mesmo. Se escolher você mesmo, escreva os pontos principais da sua história, ou pode até gravar isso no seu *smartphone* para revisar, e talvez compartilhar depois.

Deixe-nos passar para o passo 4 do processo principal do LEGO SERIOUS PLAY: aprendendo e refletindo. Essa é sua oportunidade de fornecer as seguintes informações:

Meu trabalho é _____.
E a coisa que eu mais gosto nele é _____.
O motivo para essa parte ser motivadora é _____.

O que você vivenciou com essa tarefa prática é **construtivismo** e **construcionismo** em funcionamento. O processo de construção ajudou-o e forçou-o a reunir suas reflexões sobre o tópico. Alguns pensamentos eram provavelmente muito claros para você desde o princípio, enquanto outros eram mais vagos e emergiram durante a construção e/ou o processo de compartilhar. Mas o processo como um todo permitiu que você unisse seus *insights* e comunicasse isso a outros e a si mesmo. Você **criou conhecimento construindo coisas.**

Construtivismo

Vamos dar um passo para trás e olhar para a renomada teoria do psicólogo Jean Piaget sobre construtivismo, para explicar o que está acontecendo quando nós "criamos conhecimento construindo coisas".

Jean Piaget é o pai do construtivismo, talvez mais conhecido por sua teoria dos estágios de desenvolvimento infantil. Mas ainda mais fundamental do que isto, foi sua teoria de que crianças não adquirem simplesmente conhecimento pouco a pouco. Ao contrário, elas usam sua experiência no mundo para construir quadros coerentes e robustos chamados "estruturas do pensamento". As crianças não são apenas passivos absorvedores de experiência e informação, mas construtores ativos de teorias.

Em um de seus experimentos mais famosos, Piaget descobriu que crianças pequenas acreditam que a água pode mudar sua quantidade quando transferida de um copo baixo e largo para um alto e estreito. Essas crianças criaram uma teoria – que realmente funciona na maioria das vezes – que afirma: "Mais alto quer dizer mais". Sem dúvida elas criaram essa teoria através de várias experiências (medindo a altura de crianças costas com costas, construindo torres de blocos, quantidade de leite em um copo), e desenvolveram isso sobre uma estrutura robusta. Mera insistência pode não convencer essas crianças que a quantidade de água não muda. Em outras palavras, você não pode simplesmente contar a essas crianças a resposta correta; elas não acreditariam se você contasse. Elas deveriam construir uma nova e mais sofisticada estrutura de pensamento, tomando em conta a teoria, novamente baseada em suas experiências, que "maior pode também significar mais". Isso poderia ajudá-las a considerar que a quantidade de água não muda quando transferida de um copo para outro.

Consequentemente, construtivismo afirma que crianças – e realmente, qualquer pessoa aprendendo algo pela primeira vez – não são simplesmente recipientes vazios onde você pode colocar conhecimento. Ao contrário, elas são criadoras de teorias que constroem e rearranjam este conhecimento baseado no que elas já sabem e experimentaram.

Construcionismo

Agora nos deixe mudar nossa atenção para Seymour Papert, um colega de Piaget no fim dos anos 1950 e começo dos 1960. Apesar de ele concordar com a teoria de Piaget sobre construtivismo, ele queria estender essa premissa para as áreas de teoria do aprendizado e educação.

Papert procurou criar um ambiente de aprendizagem mais favorável às teorias de Piaget. Ele enxergava os ambientes escolares convencionais como muito estéreis, muito passivos, muito dominados pela instrução; eles não providenciavam nem promoviam uma atmosfera que permitia às crianças serem **construtoras ativas**, que ele sabia que eram.

Papert eventualmente chamou sua teoria de **"construcionismo"**. Ela incluía tudo associado com o construtivismo de Piaget, mas foi um passo adiante. Se acreditarmos que retemos conhecimento como estruturas baseadas em nossa interação com o mundo, então nós podemos **criar conhecimento** mais rápido e melhor (aprendizado) quando estamos engajados na construção de um produto ou algo externo – um castelo de areia, uma máquina, um programa de computador, ou um livro. Resumidamente: "Quando você cria no mundo você constrói na sua mente."

Desde que construcionismo incorpora e cria através da teoria de Piaget sobre construtivismo, dois tipos de construção estão na verdade acontecendo, cada uma reforçando a outra. Quando pessoas constroem coisas no mundo, elas simultaneamente juntam teorias e estruturas de conhecimento em suas mentes. Então esse novo conhecimento permite-lhes construir coisas ainda mais sofisticadas mundo afora, o que rende ainda mais conhecimento, e assim por diante, em um ciclo que se reforça a si próprio. Isso respalda um princípio central do método LEGO SERIOUS PLAY: aprendizado acontece especialmente quando criamos ativamente algo físico/concreto que é externo a nós.

Papert começou a pensar sobre construcionismo no final dos anos 1960, depois de observar um grupo de estudantes se tornarem profunda e ativamente engajados na criação de esculturas de sabão em uma aula de arte por várias semanas. Diversos aspectos da experiência o impressionaram: o nível de engajamento das crianças, os elementos de criatividade e originalidade nos próprios produtos, quão bem os estudantes estavam interagindo e colaborando um com o outro, a longevidade do empreendimento, e o sentimento absoluto de diversão e prazer que a experiência proporcionou.

Formado em matemática, Papert não conseguiu deixar de se perguntar por que muitas aulas de matemática eram tão diferentes dessas aulas de arte. Além disso, ele observou que aulas de matemática eram monótonas, entediantes, sem engajamento, passivas, e dominadas por instrução – realmente qualquer coisa, **menos** divertidas. Por que isso acontecia? Sua própria experiência mostrou a ele que matemática podia ser empolgante, maravilhosa, desafiadora, engajadora, e tão criativa quanto fazer esculturas de sabão. Então por que algo com tanto potencial estava sendo arruinado para tantas crianças?

As contemplações de Papert sobre essa observação o levaram a uma jornada de vários anos para planejar uma abordagem mais construtiva para a matemática. Ele sabia que teria que trabalhar com uma mídia mais sofisticada e poderosa do que simples materiais de arte. Nos anos 1970, Papert e seus colaboradores desenvolveram uma linguagem de programação de computadores chamada Logo, que tornava possível às crianças aprenderem matemática construindo ilustrações, animações, música, jogos, e simulações (entre outras coisas) no computador.

Então, em meados dos anos 1980, membros de sua equipe no MIT (Instituto de Tecnologia de Massachussetts) desenvolveram LEGO TC Logo, o que reuniu a linguagem de computador com os familiares blocos LEGO. Essa nova ferramenta permitiu às crianças controlarem suas estruturas de LEGO criando programas no computador. Os comportamentos resultantes dessas máquinas podem ser arbitrariamente complexos. Foi a experiência repetitiva de observar as crianças utilizando esse tipo de materiais – não apenas a fim de aprender sobre matemática e planejamento, mas realmente **serem matemáticos e projetistas** – que levaram Papert a concluir: "Melhor aprendizado não virá de achar modos melhores do professor ensinar, mas dando ao aprendiz **melhores oportunidades em construir**."[I]

Assim, o condutor essencial no método de aprendizado LEGO SERIOUS PLAY é o conceito de construcionismo: aprender construindo algo que você possa identificar e ter orgulho, e sobre o que você possa pensar: "É nisso que eu sou bom." Como Papert mesmo realçou: "O que aprendemos no processo de construir coisas que nós gostamos penetra muito mais profundamente em nosso subsconsciente do que aquilo que qualquer um pode nos dizer."[II]

Construcionismo envolve dois tipos de construção: quando você constrói coisas mundo afora, você simultaneamente cria conhecimento em sua cabeça. **Instrucionismo**, por outro lado, ocorre quando alguém conta o que essa pessoa acha que você deveria saber, e às vezes instrucionismo é a melhor forma. Por exemplo, crianças podem aprender sobre os motivos das luzes de trânsito de duas maneiras. Você pode dizer-lhes que verde significa pode ir e vermelho pare, ou você pode mandá-las sair na rua e aprender por experiência. Dizer às pessoas que peças de LEGO podem ser usadas tanto como metonímias quanto como metáforas também é instrucionismo. Ele nem sempre é a coisa errada a se fazer; é algo como um remédio potente: se ele vem na hora certa e na dosagem correta, então pode realmente funcionar.

PENSAMENTO CONCRETO *VERSUS* PENSAMENTO FORMAL ABSTRATO

Está na hora de um pouco de exercício para realmente trazer esse tópico à vida. Na Figura 6.2, você pode ver uma imagem de um bloco 2x4, como é chamado na linguagem de LEGO. Essa é a peça quintessencial de LEGO.

A ilustração em duas dimensões na Figura 6.3 mostra três dessas peças empilhadas. Elas estão arranjadas de modo que, se vemos a pilha de um lado, a ilustração parece com A, e olhando para ela de outro lado, ela se parece com B. Mas é o mesmo pequeno modelo em ambos os casos.

A sua tarefa é pegar um lápis ou caneta e – **sem** utilizar blocos reais 2x4 para ajudá-lo – fazer um desenho em duas dimensões do que essa pilha de três peças parece em um terceiro lado (nem o de cima nem o de baixo). Tome algum tempo, porque provavelmente você achará essa tarefa bem desafiadora e talvez mesmo impossível.

FIGURA 6.2 – Bloco LEGO.

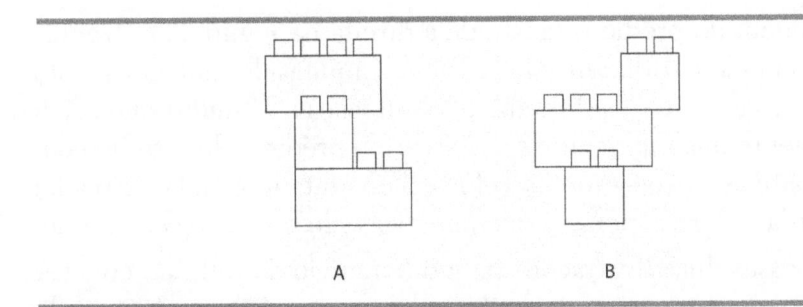

FIGURA 6.3 – Duas vistas da mesma pilha de três blocos 2x4.

Quando terminar (ou desistir), pegue três peças 2x4 e empilhe para que encaixe em ambas as imagens A e B – e talvez mesmo com o seu desenho. Não se sinta desencorajado se não conseguir fazer o desenho corretamente da primeira vez. A maioria de nós não conseguimos fazer isso sem a ajuda das peças, a não ser que seja treinado nesse tipo de técnica de desenho. Entretanto, nós deveríamos conseguir fazer o desenho em duas dimensões se pudermos usar (jogar com) as peças reais em 3D para ajudar na visualização. Pensar concretamente com os blocos nos leva muito mais rápido e com mais confiança, para uma representação abstrata formal da pilha.

Deixe-nos olhar para um conjunto novo de imagens que representam a mesma coisa de forma bi ou tridimensional.

FIGURA 6.4 – Fazer representações em duas dimensões é uma habilidade adquirida, não algo que seja natural para nós.

A imagem do prédio – mostrada à direita na Figura 6.4 – representa um modelo tridimensional e fornece muitas de vantagens tanto para o pensamento quanto para a comunicação. É muito mais fácil para a mente imaginar como seria viver no prédio e divertir-se com as alternativas. A representação formal abstrata mostrada na planta à esquerda se torna apenas a documentação do processo de reflexão.

Com essas duas ilustrações para o benefício da reflexão concreta, deixe-nos retornar ao trabalho de Seymour Papert. Apesar de seu construcionismo abranger e construir através do construtivismo de Piaget, eventualmente Papert enxergou algumas desvantagens à teoria de estágios de Piaget – especificamente: "sua oposição em dar valor ao sistema que coloca a reflexão formal no topo." De acordo com Papert: "Essa oposição levou (Piaget) a enxergar pensamento concreto como pensamento de crianças, e assim impediu-o de apreciar a amplitude de sua descoberta do 'concreto' como uma forma universal de razão humana."[III] Em outras palavras, Piaget enxergava pensamento abstrato como um nível mais alto de reflexão do que o pensamento concreto. Reflexão concreta para ele era apenas um estágio pelo qual você passava. Uma vez em que você tivesse passado essa etapa, não haveria necessidade de reverter ao modo concreto de reflexão.

Papert veio a enxergar a noção de pensamento concreto/reflexão prática não como um estágio que crianças ultrapassassem, mas sim como um estilo de reflexão que tem suas vantagens e seus usos, assim como o pensamento lógico ou formal tem seus benefícios e utilidades. Em outras palavras, ao contrário de Piaget, ele não via pensamento concreto como o equivalente cognitivo de conversa de bebê. Ainda mais, ele via e explicava isso aos outros como um modo de pensamento complementar aos modos de reflexão mais formais e abstratos. Na visão de Papert, é um grave erro abandonar ou jogar fora a reflexão concreta em favor de pensamento abstrato puro. Fazendo isso, restringiria as pessoas a modos valiosos de pensamento e caminhos para o conhecimento, que não são acessíveis de outra maneira.

USANDO A MÃO COMO VANGUARDA DA MENTE

Como enfatizamos no Capítulo 3, uma das necessidades do método que LEGO SERIOUS PLAY apresenta é o desbloqueio de novo conhecimento. Há uma perspectiva que torna este desbloqueio de conhecimento ainda mais assustador: **nós não conhecemos a maior parte do que nós sabemos**. Em outras palavras, nós não temos uma compreensão completa do nosso próprio conhecimento. As complexidades do nosso próprio cérebro são parcialmente culpadas por isso. Como mencionado anteriormente, uma parte do nosso conhecimento é guardado profundamente no cérebro, outros elementos são armazenados em localidades diferentes do córtex, ou ainda no hipocampo. Ou seja, nem tudo é facilmente acessível.

O principal comentário das pessoas que continuam a se destacar através de nossos muitos anos de trabalho com o LEGO SERIOUS PLAY é: "Eu não tinha a mínima ideia que sabia isso."

As pessoas às vezes articulam mais especificamente assim:

"Eu não tinha ideia de como começar a responder as questões quando você as fez, então eu fiz o que você disse para fazermos quando não sabemos o que construir – eu apenas comecei a construir. De repente percebi que tinha a resposta no modelo de LEGO bem na minha frente."

Geralmente ouvimos esses comentários quando os participantes tiveram que construir uma resposta para uma questão particularmente complexa – uma para a qual eles realmente sentiram que não havia resposta (óbvia). Mesmo assim, para surpresa deles, geralmente conseguiam achar uma.

Essa habilidade do método LEGO SERIOUS PLAY para extrair conhecimento inconsciente comprovou ser consideravelmente mais poderosa do que acreditávamos no início. E levou-nos a dar uma grande ênfase a estas duas palavras: **conhecimento manual.** Usamos essa expressão para nos referirmos ao que sua mão conhece, mas seu cérebro não é completamente consciente sobre isso. Por exemplo, quando você dirige um carro, você **pode** deliberadamente se fazer consciente sobre o conhecimento que suas mãos estão aplicando por predefinição. Mas você pode se tornar consciente do conhecimento manual que nos referimos na LEGO SERIOUS PLAY apenas através do processo de construir com suas mãos **sem** muito planejamento.

Para ajudar as pessoas a usarem suas mãos como vanguarda de seus cérebros e extrair os conhecimentos e percepções, nós lhes oferecemos essa regra básica: **"Confie em suas mãos."** Essa é nossa maneira de encorajá-los a deixar acontecer e começar a construir a resposta para a questão, sem ter um plano para o que forem construir e sem saber por que eles pegam e encaixam as peças juntas. A regra básica "confie em suas mãos" é completada por uma segunda regra básica: **"Não tenha uma reunião consigo mesmo sobre o que construir; apenas comece construindo."**

Experimentamos o poder dessas regras básicas quando as pessoas, depois de terem solucionado um problema construindo, irão dizer algo na mesma linha das mencionadas acima: "Eu não sabia como começar, mas então fiz o que você nos disse – comece construindo – e de repente a solução apareceu através de minhas mãos." Esse exemplo é de um *workshop* de treinamento em liderança no qual a tarefa inicial era desbloquear conhecimentos atuais dos participantes sobre uma boa liderança. O construtor ficou travado, mesmo assim, de repente, a ideia emergiu como mostrado na Figura 6.5. A história é que boa liderança consiste no conhecimento das capacidades e valores únicos de seu time e na colocação destes de um modo a unir as semelhanças e singularidades (isto é, a peça empilhada no centro).

FIGURA 6.5 – Uma maneira de representar boa liderança.

Em nossa jornada com o LEGO SERIOUS PLAY, não encontramos nem uma pesquisa aprofundada que explique completamente o conhecimento manual que temos vivenciado. E acreditamos que o aspecto evolutivo também apareça em cena.

Evolução

Existe uma evidência científica bem fundamentada que aponta para a profunda interdependência entre a mão e o cérebro. O trabalho de antropologistas e paleontólogos como Louis e Mary Leakey, o filho deles Richard Leakey, Donald Johanson e Sherwood Washburn mostra claramente o desenvolvimento do relacionamento entre os dois.

Começando por volta de 3,2 milhões de anos atrás, a espécie de ancestral humano que chamamos de *Australopithecus afarensis* (o esqueleto "Lucy") foi o primeiro a apresentar bipedismo – isto é, caminhar apenas com as pernas. Isso significava que as outras extremidades (especialmente as mãos) estavam livres para serem usadas em outras ações. Esse é o desenvolvimento crucial que torna o homem pentadáctilo – isto é, possuidor de cinco dedos – as mãos de Lucy também começam a apresentar sinais claros dos modernos polegares opostos. Esse é o desenvolvimento crucial que torna possível a mão humana apertar algo com tanta precisão. O tamanho do cérebro de Lucy era de aproximadamente 400 a 500 cm^3. Polegares opostos aparecem em uma forma moderna mais claramente com a espécie que chamamos *Homo habilis*. Essa espécie é datada em torno de 2,1 milhões de anos, e tem um cérebro em torno de 600 a 700 cm^3.

Homo habilis é um divisor de águas para a experiência humana, porque é a primeira espécie pré-humana associada com o que são claramente ferramentas manufaturadas – instrumentos de pedra lascada usados para bater, cortar, quebrar e assim por diante. Como Frank Wilson, autor do livro *The Hand: How its Use Shapes the Brain, Language and Human Culture*, explicou: "A lista completa de atributos comportamentais unicamente humanos recentemente adquiridos devem ter surgido durante o longo processo de crescimento do cérebro, que começou com a expansão do novo uso de ferramentas inovadoras e criativas pelo *Homo habilis*."[IV]

A ligação íntima entre a mão e o cérebro no desenvolvimento humano aparece claramente na psicologia humana moderna. O neurocirurgião canadense Wilder Penfield (1891 – 1976) desenvolveu o mapa do cérebro – representado na Figura 6.6 – que mostra suas proporções dedicadas a controlar diferentes partes do corpo.

O que imediatamente chama a atenção é a grande parte dedicada à mão. Enquanto isso claramente mostra a profunda interconexão entre a mão e o cérebro, o que isso tem a ver com o processo mental superior de abstração e raciocínio?

Como um dos pais do nosso entendimento moderno sobre inteligência, Jean Piaget introduziu a ideia de que a inteligência cresce da interação entre o cérebro e o mundo. Assim, as ideias complexas e abstratas como tempo, causalidade e espaço são todas operações ativas que crescem do processo de resposta entre a mente viva e o mundo ao seu redor. Um adepto do trabalho de Jean Piaget, Hans Furth, argumenta que a principal descoberta do trabalho do grande psicólogo é que "conhecimento é uma operação que constrói seus objetos".[v]

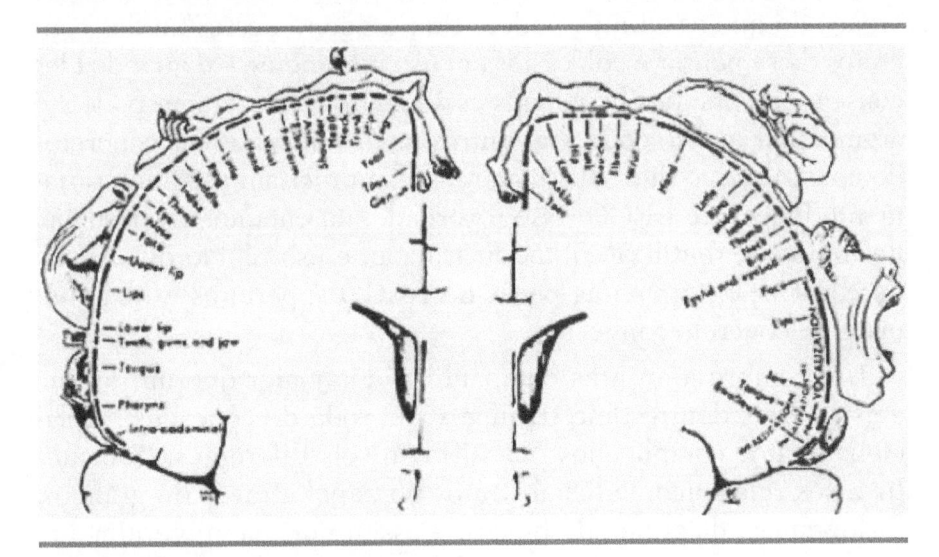

FIGURA 6.6 – Mapa do cérebro de Panfield.
Fonte: Copiado de *The Cerebral Cortex of Man* by Wilder Penfield and Theodore Rasmussen, Macmillan Publishing, 1950.

Como sabemos pelo trabalho de paleontólogos, as conexões entre a mão e o cérebro são centrais no desenvolvimento humano. Esse fato, junto às descobertas científicas de Piaget e Panfield, sugeririam que usando as mãos para manipular e construir o mundo não é algo solitário e profundamente **humano**; é também um modo primário que o cérebro utiliza para construir seu próprio conhecimento de mundo. Nós evoluímos para viver e dominar um mundo tridimensional – e nosso cérebro reflete isso. Mesmo enquanto você lê isso, seu cérebro está navegando pelo texto tentando entender as letras como objetos físicos; ele simplesmente não conhece outro modo de entendê-las.[VI]

Contemplando dar uma ajuda ao seu cérebro

O método LEGO SERIOUS PLAY é inseparável da teoria do construcionismo e do processo de construção prático. Não é simplesmente uma ferramenta de visualização; é um modo de **pensar com os objetos** e através de suas mãos, para liberar energias criativas, modelos de reflexão, e modos de enxergar que a maioria dos adultos esqueceu que eles possuíam. O método aposta sua reputação na crença de que os adultos podem tirar a poeira desses modos concretos de se pensar e colocá-los em uso novamente – e quando eles conseguem, grandes benefícios estão guardados. Alguém pode até argumentar que se pode usar outros modos de materiais concretos de construção, e que seus materiais não precisam ser necessariamente blocos de LEGO. Isso é verdade, no entanto, a variedade, flexibilidade, reutilização, modularidade, e uso rápido do sistema de construção tornam as peças de LEGO superiores a qualquer material concreto conhecido.

Uma empresa ou uma companhia é tão maior que um prédio e as pessoas dentro dele. É uma vasta rede de conexões e relacionamentos complicados em vários níveis diferentes. Transmitir esses relacionamentos abstratos no papel através de gráficos, fluxogramas, diagrama de blocos, e assim por diante geralmente falha em capturar a natureza dinâmica da organização. Enquanto modelos e simuladores de computador estão um degrau acima de modelos estáticos, eles também são limitados. É geralmente muito difícil para compreender a totalidade desses relacionamentos complexos. O método LEGO SERIOUS PLAY é uma abordagem corajosa, que coloca em prática o poder do construcionismo para a complexidade do mundo dos negócios, desse modo, fazendo a rede abstrata de interrelações que faz qualquer empresa concreta, viável e compreensível.

Na nossa experiência, quando uma representação LEGO SERIOUS PLAY de uma empresa, como a mostrada na frente e à direita na Figura 6.7, é construída – não dos prédios, mas da empresa em um modo sistêmico – as pessoas veem coisas que não conseguem enxergar quando olham para o negócio descrito em palavras e diagramas, como mostrado à esquerda na Figura 6.7. O acesso a um modelo metafórico tridimensional de uma empresa e seus panoramas permite-lhes visualizar estratégias que eram anteriormente opacas e fechadas a eles. Eles podem ver suas empresas de um modo mais holístico, e podem manejá-lo, brincar com ele, e fazer todo tido de perguntas "**e se**" através de alterações físicas.

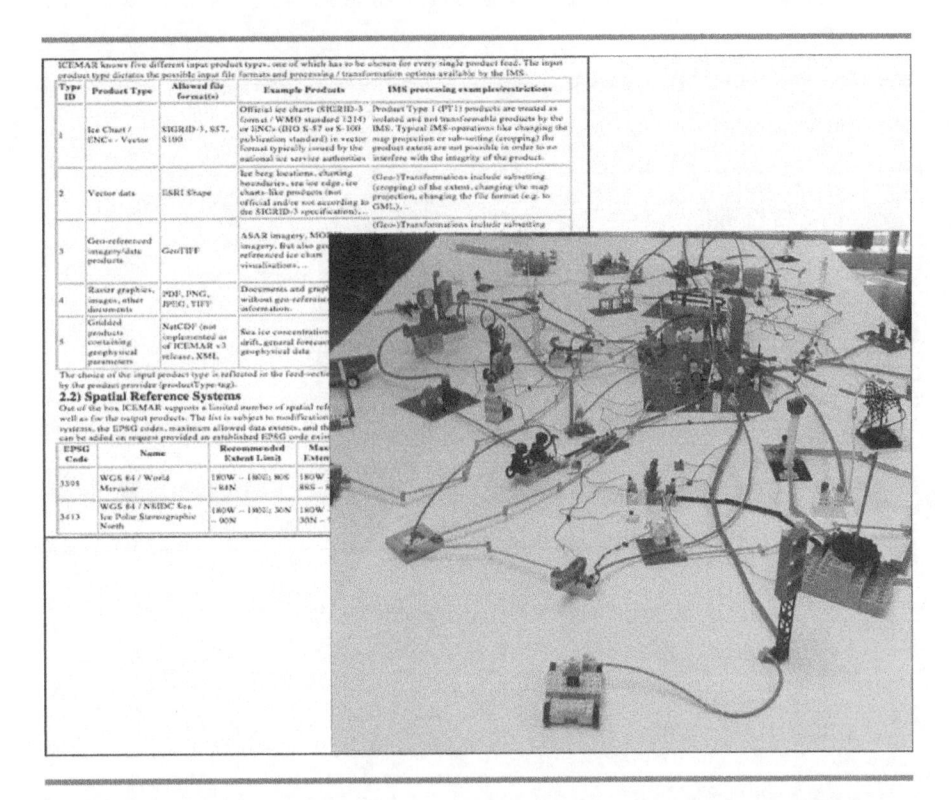

Figura 6.7 – Duas maneiras diferentes de representar um sistema de negócios.

"E se nosso principal fornecedor falir?", "E se nós realocássemos nossa equipe de *marketing* na Ásia?", "E se nossas vendas dobrassem de repente?".

Como se o exemplo anterior do prédio em 3D fosse a meta final de produzir um plano, a meta final da empresa 3D pode ser produzir um plano escrito como este mostrado à esquerda na Figura 6.7.

O método LEGO SERIOUS PLAY é a maneira mais efetiva de se chegar um objetivo, por meio de um processo engajador que obriga todos a se inclinarem para participar e contribuir 100%.

CAPÍTULO 7
Neurociência – Entendendo a mente do construtor

A neurociência é algo novo para o entendimento do método LEGO® SERIOUS PLAY®. Na fase das primeiras pesquisas, as descobertas da neurociência foram usadas mais em nível intuitivo, para apoiar o método de desenvolvimento. Entretanto, como esse nicho da ciência evoluiu com o aumento do uso das imagens por ressonância magnética funcional (fMRI, do inglês *Functional Magnetic Ressonance Imaging*) e, mais recentemente, por espectroscopia de infravermelho próximo funcional (fNIRS, do inglês *Near Ifrared Spectroscopy*), muitos médicos e pesquisadores estão publicando estudos que podem nos ajudar a entender e reforçar o impacto do LEGO SERIOUS PLAY.

Muitos neurocientistas fazem questão de ressaltar que nós ainda estamos começando a aplicar essas descobertas nos *workshops*. É claro que isso deve ser levado em consideração – e é com isso em mente que nós mergulhamos nas percepções que parecem emergir deste campo emocionante. Essas são descobertas que apoiam as reflexões sobre o construcionismo, o construtivismo e os conhecimentos manuais que foram apresentados no Capítulo 6. Aqui, estas descobertas estão agrupadas em seções sobre atenção, memória e desenvolvimento de ideias.

ATENÇÃO

Emoções guiam a atenção, que conduz ao aprendizado, que guia a memória. Retornaremos às emoções no próximo capítulo, em que conheceremos a **teoria do fluxo** e observaremos detalhes do aspecto emocional em relação ao método LEGO SERIOUS PLAY. Entretanto, começaremos pela atenção.

Podemos definir atenção como a habilidade de focar em um ponto particular e relevante, enquanto inibimos informações e estímulos irrelevantes. É biologicamente impossível aprender e relembrar informações que o cérebro não prestou atenção. Portanto, a atenção é essencial para o desenvolvimento de novas soluções. Mas, infelizmente, esse é um recurso escasso e facilmente esgotável. Para piorar, muitos de nós tendemos a usá-la de maneira improdutiva – isto é, desviando-a para algo imediatamente gratificante e/ou não especialmente desafiador. Similarmente, quando nós pertencemos aos 80%

nas temidas reuniões 20/80, somos frequentemente tentados a usá-la em coisas que não são relevantes ao nosso trabalho – e, portanto, deixamos de lembrar informações às quais não prestamos atenção.

Vamos olhar de perto para o que caracteriza a atenção.

A atenção é um recurso escasso: nós podemos observar apenas um número limitado de coisas ao mesmo tempo. Quando nós tentamos prestar atenção em diversas coisas simultaneamente, a qualidade do nosso trabalho **deteriora** e formamos *links* fracos de memória. Por isso, não existe nada multitarefas. Prestar atenção aumenta a probabilidade de engajamento do hipocampo (vamos falar sobre isso mais tarde) e, consequentemente, uma maior chance de sucesso na formação da memória.

A intensidade de atenção é frequentemente definida como **densidade de atenção**, que é especificamente o número de observações dadas para uma ideia particular, por unidade de tempo.[1] Assim, quanto mais observações por unidade de tempo ou quanto mais unidades de tempo, maior é a densidade de atenção. LEGO SERIOUS PLAY reúne mais tipos de observação por unidade de tempo: nós trabalhamos com a audição pela história, com a visão pelo modelo e com a cinestesia pelo toque físico.

Quatro elementos ajudam a manter o foco da atenção:

1. **Estimulação**. Nós estamos **emocionalmente engajados** em tudo o que fazemos.
2. **Orientação espacial**. Precisamos nos **mover fisicamente em torno** e orientar diretamente nossos corpos em direção a algo; pesquisadores especificamente citam um processo de três passos de **desengajamento, movimento** e **engajamento**.
3. **Detecção de novidade e recompensa**. Sentimos que alguma coisa é **nova** ou prevemos que há algum tipo de **recompensa**.
4. **Organização executiva**. Percebemos que o tópico ou o propósito está **alinhado aos nossos objetivos**.

Então, como utilizamos esses quatro elementos a nosso favor no método LEGO SERIOUS PLAY?

Estimulação – Os participante ficam **emocionalmente engajados** – por exemplo, com o uso de metáforas visuais poderosas, como animais feitos com DUPLO (tubarões, tigres, elefantes etc.). Discutiremos isto em detalhes quando falarmos sobre o papel da emoção na formação da memória, nas seções seguintes.

Orientação espacial – Os participantes precisam se **desengajar** do que eles fazem de outro modo, enquanto colocam as mãos nos blocos LEGO e se envolvem, sem perturbações, numa construção em resposta à pergunta do facilitador. As TAs do LEGO SERIOUS PLAY (ver Capítulo 4), como modelo de construção compartilhado e cenário, também ativam a orientação espacial. Nesta situação, participantes se desengajam de um modelo particular ou visão de um modelo(s), se movimentam para uma posição diferente e se engajam novamente. Finalmente, a configuração da sala, onde os *kits* especiais LEGO SERIOUS PLAY são colocados em uma mesa distante, obrigando os participantes a se moverem, pode desempenhar um papel importante. Perceba, também, como você se desengajou de outras atividades (por exemplo, ler esse livro) quando construiu o seu modelo durante o Capítulo 6. Provavelmente, você colocou o livro de lado ou se virou para outra parte da mesa.

Detecção de novidade e recompensa – Frequentemente, o próprio fato de construir algo com blocos LEGO é uma novidade. Além disso, a primeira vez em que uma pessoa usa o LEGO SERIOUS PLAY, ela começará com o seu "próprio" *kit*. Os participantes sempre vão ter reconhecimento como uma recompensa. Nós percebemos isso regularmente, quando os participantes encontram novas respostas para desafios e perguntas que estão com eles ou na organização por um longo tempo. Também vemos este tipo de recompensa como parte de uma formação mais forte da densidade de atenção.

Organização executiva – *Workshops* sempre começam com uma delimitação clara sobre como as entregas estão amarradas ao sucesso dos participantes da organização e/ou seus objetivos. Assim, se torna claro para o cérebro atender ao processo, e assim, leva à liberação de neurotransmissores de dopamina – nesse caso, isso ajuda a impedir a entrada de informações que seriam ruído.

O desafio que todos enfrentamos – em particular, no trabalho – é que o cérebro não evoluiu para permanecer focado no mesmo estímulo por períodos extensos de tempo. Quando tentamos fazer isso, o rendimento do cérebro decresce. A resposta natural é que ele lance seu próprio tempo de inatividade. Isso é feito para fortalecer novas conexões sinápticas, relacionadas ao que ele tem prestado atenção (por exemplo, necessidade de navegar um pouco na Internet ou tomar uma xícara de café).

Para ajudar a manter o foco, nós pedimos às pessoas que desliguem seus celulares durante o *workshop*; nós os queremos ouvindo para entender e procurar padrões e fazer perguntas mais profundas. Também arrumamos a sala para que possam construir os seus modelos LEGO em silêncio. Nosso objetivo em fazer tudo isso é tê-los criando em um ponto em que todas as unidades individuais do cérebro do participante se juntem, em sincronia.

FORMAÇÃO DA MEMÓRIA E RETENÇÃO

Por mais que a gente fale de memória como uma coisa **única**, na verdade são diversos sistemas de memória. A primeira diferença é entre a memória de longo prazo e de curto prazo, também conhecida como memória de trabalho. Essa última envolve a entrada de informações do momento – as coisas que estão na nossa mente quando nos engajamos no trabalho ou em um diálogo. Usamos essa memória, por exemplo, quando alguém nos dá um número de telefone que precisamos ligar imediatamente. Ou quando estamos resolvendo algum tipo de tarefa ou comprometidos em uma discussão.

Podemos dividir a memória de longo prazo em memória **declarativa** e **não-declarativa**. A memória não-declarativa é a implícita, que inclui coisas como habilidades físicas, hábitos, respostas condicionadas e acredita-se que envolva diferentes partes do cérebro quando comparada à memória declarativa. Se esse fosse um livro sobre esportes e se trabalhássemos, por exemplo, como um técnico de futebol, então o foco seria mais na memória não-declarativa.

A memória declarativa também se divide em (1ª) **episódica**, que é sobre eventos como experiências pessoais de um lugar e um tempo particular, e (2ª) **semântica**, que foca nos fatos, conhecimento sobre o mundo, objetos e linguagem. Entender esses dois aspectos da memória declarativa é essencial para trabalhar com o método LEGO SERIOUS PLAY.

Os dois tipos dividem-se em três estágios:

1. **Codificação e formação.** Esta é a formação da memória atual no cérebro.
2. **Retenção e recuperação.** Isto é manter, acessar e usar a memória, como em uma conversa.
3. **Codificação e fortalecimento.** Reforçar uma memória que já existe, pois sempre há o risco de perder uma determinada memória.

Todos esses estágios são essenciais. Alguém poderia dizer que o aprendizado inclui, facilmente, a recuperação de uma memória de um novo conhecimento. Mas primeiro você precisa ter alguma coisa para recuperar, por isso codificação/formação se destaca como uma primeira etapa óbvia para criar resultados com o LEGO SERIOUS PLAY.

Finalmente, antes de entender como podemos fortalecer a memória, existe uma parte do cérebro que precisamos discutir: o **hipocampo**. Essa parte do cérebro é altamente conectada com as partes relativamente novas dele, o córtex, e também às partes antigas, estrutura subcortical. Está no núcleo da formação e da recuperação da memória – algumas memórias até parecem ser armazenadas lá. Pense nisso como o seu Google pessoal para buscar e salvar, ajudando na decisão de onde armazenar e codificar memórias, além de, mais tarde, auxiliar na recuperação.

Então, como o LEGO SERIOUS PLAY ajuda os participantes a aprimorarem a memória? Além de melhorar a atenção, que já foi mencionado, os cientistas apontam:

- Níveis de processamento.
- A importância do contexto.
- Produção.
- Emoções.

Níveis de processamento

Quanto mais fundo uma informação é processada, mais forte é a formação da memória. Nós não armazenamos informação em um único arquivo final, como no computador, mas sim como uma teia pelo cérebro. Portanto, quanto mais diversas e ricas as associações que tivermos na memória, mais forte será essa teia. Se o aprendiz também for capaz de transformar informação em algo pessoalmente significativo, então essa pessoa formará uma memória ainda mais forte.

O método LEGO SERIOUS PLAY traz um número de oportunidades para processamentos profundos.

No passo 2 do processo principal do LEGO SERIOUS PLAY, os participantes constroem e dão significado aos seus modelos LEGO. Aqui, eles têm tempo para acessar e avaliar o significado daquilo que estão construindo – um curso de ação que Davachi, Kiefer, Rock e Rock se referiram como "processo semântico"[11] no *NeuroLeadership Journal*. Isso foi o que você fez enquanto construiu o seu modelo no capítulo anterior.

No passo 4 – a fase de reflexão – outros participantes têm a oportunidade de fazer perguntas sobre o modelo. Isso ajuda no acesso do significado e permite que o construtor elabore o modelo. O seu ouvinte pode ter feito isso ao perguntar sobre aspectos do trabalho que motivam você, no exercício anterior. Geralmente, o facilitador também irá perguntar e encorajar o construtor a contar a história de diferentes perspectivas.

Finalmente, nas TAs de 2 a 7 – em que os participantes estão co-criando modelos e histórias – eles tendem a desenvolver um processamento sensorial mais profundo. O modo multimodular de trabalho pode, também, estimular várias redes no córtex pré-frontal, levando a uma formação mais forte da memória.

Importância do contexto

O contexto pode servir como uma boa deixa para recuperar memórias. Recriar ou trazendo de volta à memória, um certo contexto pode nos ajudar a lembrar de ideias e decisões que fizemos naquele momento. Isso porque a memória é essencialmente uma interação entre codificação e recuperação – e nós recordamos melhor as informações quando as situações de codificação e recuperação combinam. Podemos observar isso, por exemplo, quando veteranos de guerra retornam ao campo de batalha e diversas memórias surgem. Ou, de maneira mais simples, quando você revê as fotos das suas férias.

O método LEGO SERIOUS PLAY encoraja fortemente o grupo a levar os modelos LEGO para o escritório, preferencialmente para a sala ou baia de cada participante, caso os modelos sejam individuais. Isso ajuda na criação de um contexto de dependência para a recuperação da memória. Ver o modelo frequentemente ajuda a levá-los de volta ao *workshop*, o que vai ajudar na recuperação da memória, e assim atuar na tomada de decisões.

Produção

Esse é um processo em que o aprendiz está pessoalmente envolvido na criação de novos conhecimentos. A simples observação da neurociência (que parece fazer muito sentido) é que gerar informação leva a uma melhor retenção do que apenas lê-la. Otimiza a propriedade de aprendizado e cria memória de longo prazo – uma verdade antiga que agora é apoiada naquilo que podemos observar no cérebro. Produção e níveis de processamento estão intimamente relacionados. Portanto, se você produz o seu próprio aprendizado, então está processando de maneira mais profunda. De forma mais simples, isso pode ser observado quando escrevemos algo. Podemos nunca mais olhar para essa anotação, mas o simples fato de ter escrito irá nos ajudar a lembrar.

A conexão com o LEGO SERIOUS PLAY é que o processo sempre começa com um indivíduo, que não será interrompido, construindo um modelo LEGO e uma história, e você sempre terá tempo para construir as suas **próprias** respostas para qualquer pergunta feita durante o passo 1, no processo principal. Se ou quando houver perguntas de acompanhamento durante o passo 4 do processo principal, elas irão cobrir tópicos sobre o modelo já construído, levando portanto ao processamento mais profundo, acima citado.

Emoções

Pesquisas mostram uma forte relação entre a "vivacidade de uma memória e a emoção do evento original."[III] O pensamento atual é que as emoções fortes ajudam de duas maneiras: 1ª) a focar a atenção e 2ª) a ativar uma estrutura cerebral chamada amígdala, uma parte do cérebro que desempenha um papel muito importante em tudo relacionado ao controlar, experimentar e codificar emoções. Os neurocientistas acreditam que quando a amígdala registra algo como emocional, ela alerta o hipocampo – que, como você se lembra, serve como uma ferramenta que busca e salva suas memórias – de que: "Essa memória é importante. Então é melhor você salvar isso, para que a gente possa encontrar novamente."

É difícil imaginar o método LEGO SERIOUS PLAY sem as emoções – a maioria são positivas, mas às vezes são apenas emoções. A própria experiência de brincar favorece o bom humor e o uso de metáforas e histórias cria sentimentos fortes nos participantes – todos eles ajudam a consolidar o processo de relembrar elementos importantes. Isso seria, por exemplo, algo como o "matar a vaca leiteira", mostrado na Figura 7.1.

FIGURA 7.1 – Matando a vaca leiteira.

MEMÓRIA E ATENÇÃO: MAIS DUAS OBSERVAÇÕES

Nós conhecemos algumas maneiras de usar o método LEGO SERIOUS PLAY para criar a formação e a retenção de memória mais forte possível. Sabemos que se você dividir a sua atenção, a memória obtida será muito mais fraca e facilmente perdida.

Assim, pretendemos prevenir os participantes de dividir a sua atenção. Algumas pesquisas indicam que, na realidade, o hipocampo fecha quando isso acontece, levando a uma pequena ou a nenhuma formação de memória. Participantes não vão se lembrar o que foi dito, quais ideias eles destravaram e quais decisões surgiram ao quebrarem o pensamento habitual.

Isso nos leva para duas outras técnicas de aprimoramento da memória utilizadas no método LEGO SERIOUS PLAY:

1. **Distribuição do aprendizado ao longo do tempo.** Isso é utilizado ao interagir e revisitar modelos individuais (TA1) e, em particular, ao retornar para a criação de cenários (TA3). Desenhar um *workshop* que torne isso possível ajuda a distribuir o aprendizado ao longo do tempo, o que pesquisas mostram auxiliar na formação de memórias mais fortes.

2. **Reencontro.** A criação de modelos LEGO para assuntos complexos pode ser visto como uma forma de simplificar e "fragmentar" ou dividir o conhecimento em blocos menores. De maneira análoga, podemos ver a técnica de criação de cenário – TA3, em que modelos individuais são dispostos formando grupos com significados similares e um padrão de entendimento – como uma forma de reencontro. (Veja a Figura 7.2.)

A fragmentação ou simplificação, e o reencontro também ajudam no desenvolvimento e no armazenamento de mais informações na sua memória de trabalho e, assim, cria conversas mais profundas.

FIGURA 7.2 – A posição de cada modelo em relação a outro tem um significado e forma uma narrativa mais ampla.

DESENVOLVENDO IDEIAS

No capítulo anterior, mencionamos uma constatação cheia de sentimentos que escutamos frequentemente nos *workshops*: "Eu não tinha ideia que sabia isso." Mas nós só explicamos parcialmente como essas ideias são formadas. Aqui, nós veremos explicações adicionais de onde vêm essas ideias, além de considerar o que o cérebro parece exigir para que elas surjam e como estão presentes durante o LEGO SERIOUS PLAY.

Ideias (ou *insights*) são, essencialmente, conhecimentos frescos que aparecem na forma de soluções novas e, frequentemente, surpreendentes para um problema já conhecido. Geralmente, as ideias não seguem um processo analítico em que quebramos o nosso conhecimento em diferentes partes e, depois, juntamos novamente. Resolver problemas com ideias requer reestruturação cognitiva e reinterpretação da própria visão do problema. Ideias costumam ser surpreendentes e causam aquele momento *eureka*. No caso Scurri, usado como exemplo no Capítulo 1, uma importante ideia surgiu quando a empresa percebeu que estava focando no segmento de clientes errado.

Ideias são importantes porque as pessoas tendem a lembrar delas melhor e mais claramente do que soluções analíticas.[IV] A forte formação da memória declarativa é uma consequência de um coquetel perfeito de ideais, muita atenção e uma liberação balanceada de neurotransmissores chamados catecolaminas.

Acalmando

Scans[1] demonstraram que o cérebro se acalma um pouco antes de uma ideia ocorrer. Há menos sinais vindo e menos sinais entre ondas cerebrais diferentes. Também notou-se que o **comprimento das ondas** dos sinais mudam.

Portanto, o método permite momentos para que o cérebro se acalme. Isso geralmente acontece durante o passo 2 do processo principal, na fase de construção. Frequentemente, há um momento em que o participante sente que ele já acabou de construir uma resposta para a pergunta, mas ainda existe tempo. Durante esse momento, o participante relaxa e admitimos a hipótese de que o cérebro se acalma e se prepara para um *insight*. Na verdade, muitas vezes há uma segunda carga de energia e reconstrução.

Ou melhor, isso é o que **costumava** acontecer. Cada vez mais – e infelizmente – percebemos que em vez de manter a atenção neles mesmos e integrar sinais sutis ao trabalho, os participantes passam a se ocupar com seus *smartphones* e perdem potenciais de ideias que podiam aparecer. Como facilitadores, nós encorajamos os participantes a se manterem focados, mas muitos se tornaram condicionados a utilizar qualquer momento de não-atividade para checar os *e-mails* ou as redes sociais. Muitas organizações têm padrões de trabalho nada saudáveis e pouco amigos do cérebro, demandando de seus colaboradores que estejam sempre *on-line*. Enquanto esse

---

1 – Emprego de um exame de diagnóstico como ultrassonografia, tomografia computadorizada e ressonância magnética, entre outros.

assunto poderia ser o tema de um outro livro, é desencorajador pensar em todas esses *insights* em potencial que são perdidas por cederem a essa tentação.

"Ocupar CCA"

Nos momentos que antecedem uma ideia e antes que o cérebro se acalme, há um aumento de atividade em uma estrutura cerebral chamada córtex cingulado anterior (CCA). Essa estrutura, quase como o hipocampo, é altamente conectada com outras regiões do cérebro e está envolvida em diversos componentes da atenção dos quais já falamos: memória, emoções e, também, motivação. Entretanto, ela também desempenha um importante papel na detecção de erros e na repressão.

Portanto, parece crucial que essa região do cérebro não seja ocupada ou distraída por outras atividades exigentes, como emoções reprimidas. Isso se deve ao fato de tentamos colocar tudo no modelo LEGO SERIOUS PLAY, e nós deixamos claro que não há abordagens ou soluções erradas. Encorajar os participantes a tornarem tudo concreto e visual dá a eles a oportunidade de rotular o que têm em mente – e evita que reprimam qualquer coisa no CCA.

Bom humor/Afeto positivo

Um humor positivo torna possível resolver um problema com uma ideia – e, assim, mais propenso a formar uma memória forte. Isso coloca o cérebro em um chamado estágio preparatório, possivelmente por melhor preparar o supracitado CCA para detectar novas associações que, caso contrário, poderiam ser filtradas. Detectar esses sinais nos leva ao pré-requisito final para o desenvolvimento de ideias.

Atendendo a sinais sutis

É crucial permitir que os participantes do *workshop* LEGO SERIOUS PLAY tenham tempo para acalmar, não só para a formação da memória, mas também pra que os portões sensoriais do cérebro se fechem para sinais perturbadores, em particular, as características visuais. Nesses momentos, o cérebro se volta para ele mesmo e presta atenção em alguns sinais bastante sutis, vindos de outras partes – atendendo a sinais que possivelmente seriam ignorados.

Uma explosão de ondas gama podem ser observadas no cérebro quando ele se volta para o seu interior. Essas ondas têm comprimentos diferentes daquelas que costumamos ver, o que levou os neurocientistas a assumirem que o trabalho dessas ondas é tecer juntas sinais fracos de áreas diferentes, levando, desse modo, à ideia. Interpretar o período silenciosos enquanto os participantes constroem e interagem com as blocos como tais variáveis é uma possibilidade.

Suspendendo a memória implícita

Finalmente, a diversidade nas respostas é uma qualidade essencial para o desenvolvimento de ideias e soluções surpreendentes. Mas como discutido no Capítulo 1, a estrutura de conversação em uma reunião é, em sua maioria, 20/80. Levando que a primeira pessoa fale quase que exclusivamente e defina a solução. Isso é chamado *priming* na neurociência. O que acontece é que nós ficamos acostumados com um modo de resposta. Isso quase nos condiciona a manter respostas e ideias como num certo arcabouço, limitando-as.

LEGO SERIOUS PLAY pode ajudar a suspender o *priming*, desde que todo mundo sempre comece construindo o **seu próprio modelo** (especificamente, na TA1). Isso permite que todos os participantes desenvolvam respostas sem a contaminação de outras pessoas, e criem suas próprias histórias.

Depois de termos observado o cérebro, vamos olhar para uma teoria que foca no mecanismo de *feedback* emocional e nos auxilia no aprendizado: o *flow*.

CAPÍTULO 8
Flow – A alegria do aprendizado efetivo

Como mencionado na introdução da Parte II desse livro, enxergamos aprendizado como o processo de compreender uma experiência e incorporar isso a nosso próprio modelo mental. Acontece que a natureza nos equipou com um tipo especial de *feedback* biológico que recompensa atividades de aprendizado apropriadas (isto é, atividades que servem para assegurar nossa sobrevivência). Naturalmente, sobrevivência para seres humanos modernos, em grande parte, significa aprender efetivamente em um contexto importante. A natureza organizou isso para que sejamos recompensados com um sentimento profundo de alegria e satisfação quando atingimos essa meta. Nós experimentamos esse sentimento, por exemplo, quando somos bem-sucedidos em uma entrevista para um emprego que realmente gostaríamos de obter. Quanto maior parecesse o desafio antes da entrevista, maior seria a recompensa em termos de sentimentos, e não apenas prazer, mas satisfação.

Esse sentimento bom com o qual o corpo nos recompensa quando aprendemos algo importante é uma das mais importantes forças motrizes em nosso desenvolvimento e entendimento do mundo. O corpo usa emoções positivas e sensações para nos encorajar a aprender o que nos é importante, este aprendizado efetivo tem nos ajudado na nossa luta pela sobrevivência desde a Idade da Pedra. Como mencionado no Capítulo 7, a recompensa emocional dirige nossa atenção, a qual conduz nosso aprendizado, que guia nossa memória.

Nos últimos 30 anos, incontáveis pesquisadores e cientistas têm investigado profundamente esse sentimento de profunda satisfação. Um desses indivíduos é o psicólogo húngaro Mihalyi Csikszentmihalyi, que se refere a esses sentimentos ou esse estado mental como *flow*. A ciência do *flow* é completamente integrada ao método LEGO® SERIOUS PLAY® como a chave mestra do aprendizado tanto do indivíduo, como do grupo. É impossível imaginar que o método LEGO SERIOUS PLAY funcionaria sem os blocos LEGO – ou sem integrar o conceito de *flow*.

Flow é uma condição na qual estamos completamente absortos em um jogo ou tarefa, perdemos nosso sentido de tempo e espaço, e utilizamos nosso potencial de aprendizado ao máximo. O modelo apresentado na Figura 8.1 é uma representação gráfica do conceito de *flow*.

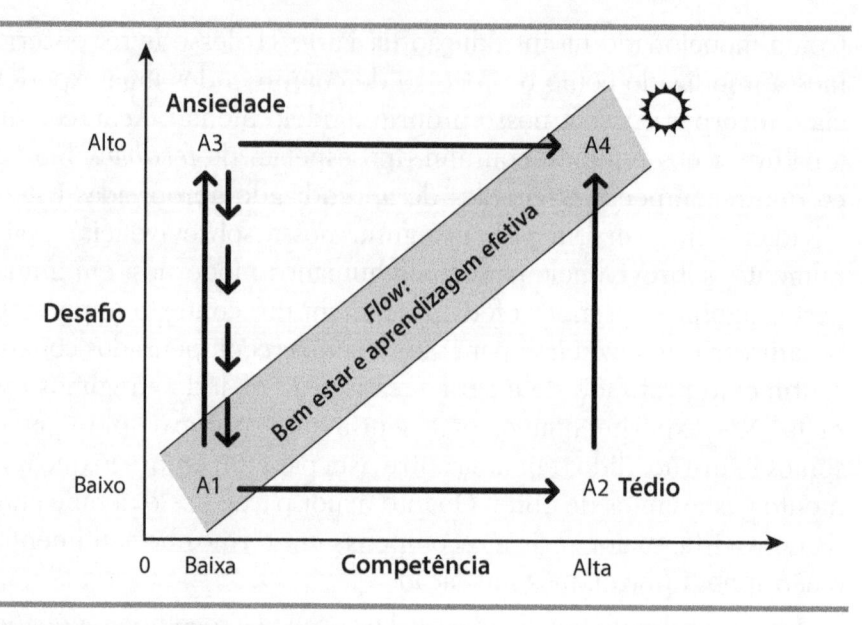

FIGURA 8.1 – O conceito de *flow*.
Fonte: Hans Henrik Knoop, *Play, Learning and Creativity: Why Happy Children Are Better Learners* (Copenhagen: Aschehoug, 2002).

O modelo ilustra como chegamos à condição de *flow* quando nossa competência e o desafio que encontramos estão em equilíbrio um com o outro. Isso também transmite como a falta de desafios leva ao tédio e como encontrar desafios demasiadamente difíceis cria ansiedade. Finalmente, o modelo exemplifica como nós desenvolvemos e nos tornamos mais competentes como resultado de experienciarmos *flow*; isto é, termos o melhor momento da experiência. O melhor momento da experiência é quando nós sucedemos em dominar o desafio, que inicialmente parecia muito difícil e longe de se alcançar. É quando nós superamos nossas expectativas e habilidades.

Deixe-nos guiá-lo pelo modelo. Se estivermos no estágio A1 (abaixo e à esquerda) ou A4 (acima e à direita) – ou em qualquer lugar no corredor diagonal entre os dois – nossas competências são perfeitamente compatíveis ao desafio. Como resultado, nossos corpos irão recompensar-nos com um sentimento positivo de realização e nós experimentaremos o *flow*. Se o desafio for maior que a competência (A3 – acima e à esquerda), nós ficaremos ansiosos.

Nós temos duas escolhas aqui: adquirir habilidades para atingir o estágio A4, ou tentar diminuir o desafio e voltar para o estágio A1. Entretanto, geralmente é difícil ignorar desafios importantes em prática, uma vez em que você se tornou conhecedor deles. Quando o nível de competência é maior que o desafio (A2 – abaixo e à esquerda), nós ficaremos entediados e procuraremos desafios maiores, a fim de alcançar o estágio A4 novamente. Seria insignificante tentar voltar para A1 nesse caso; isso significaria ignorar ou desaprender habilidades que já foram adquiridas, o que não teria sentido.

Projetistas de estações de esqui e de jogos de computador utilizam esse modelo o tempo todo. Como provavelmente você sabe, o objetivo de muitos jogos de computador e de *vídeogame* é essencialmente chegar ao próximo nível. Por natureza, somos feitos para lutar para estarmos no corredor de *flow* desenvolvendo novos conhecimentos. Isto é uma força motriz de aprendizado para o jogador (ou esquiador), que a pessoa ambiciona alcançar. Se você continuar jogando no nível A1, eventualmente vai ficar entediado e perder interesse no jogo – a não ser que tenha uma opção de aumentar o desafio/nível de dificuldade para que você possa lutar por um estágio A4. Se, por outro lado, o nível inicial do jogo é excessivamente desafiador, você ficará preso em A3. Provavelmente você perderá interesse e irá fazer outra coisa.

Aqueles entre vocês que tiverem experimentado esqui na neve também reconhecerão a abordagem ao modelo de *flow*. A inclinação e a dificuldade das pistas são classificadas em níveis desde as superficiais/fáceis até as íngremes/difíceis, em um sistema bem conhecido por esquiadores. Referimo-nos a esses níveis como verde, azul, vermelho e preto. Verde é a descida mais fácil e preta a mais desafiadora. Essa progressão de inclinações permite-lhe aprender efetivamente, escolhendo o contexto que se encaixe melhor à sua habilidade. Então, conforme sua capacidade aumenta, você também pode aumentar o desafio e alcançar um estado acima no corredor de *flow* entre A1 e A4.

Tanto faz se você está jogando no computador ou esquiando ladeira abaixo, ou completando um projeto no trabalho, ficar totalmente imerso na atividade leva-o ao sentimento de prazer e satisfação, como resultado de se tornar melhor na atividade com a qual está ocupado. Esse processo de se tornar melhor é um resultado do aprendizado — e é crucial para entender que há uma **conexão próxima entre aprender e** *flow*. Isso é melhor ilustrado comparando-se respostas a duas perguntas importantes. Se você perguntar às pessoas quando elas se sentem aptas a aprender mais efetivamente, poucas pessoas responderão que acham o tédio — o estágio A2 – instrutivo a longo prazo. Do mesmo modo, poucas pessoas diriam que ficar em um estado de ansiedade (A3) aumenta suas habilidades em aprender. Apesar de que curtos períodos de tensão e ansiedade talvez sejam necessários quando começar uma tarefa, eles têm um impacto negativo no aprendizado por um período longo. A grande maioria das pessoas vão se lembrar de experiências de aprendizado bem-sucedidas, durante a qual elas foram satisfatoriamente desafiadas por uma tarefa que realmente significou algo para elas. Assim, o estado de *flow* aparece quando o contexto nos é importante, e quando nosso ambiente permite ficarmos totalmente envolvidos em uma tarefa que não entedia nem cria ansiedade.

Se mudarmos nosso foco e perguntarmos quando uma pessoa aproveita a vida ao máximo, nós encontraremos um padrão similar. Relativamente poucas pessoas dirão que aproveitam a vida quando estão entediadas, nem muitas responderiam que gostam de viver em um estado de ansiedade. A grande maioria das pessoas diria que são mais felizes quando elas estão fazendo algo que não é nem fácil nem difícil em demasia. Comparando esses dois fatores, é sensato concluir que prazer e aprendizado são dois lados da mesma moeda. Podemos ver como crianças e adultos parecem mais felizes quando estão aprendendo efetivamente, podemos até afirmar que aprendizado efetivo é experienciado como divertimento, onde diversão é considerada amplamente como o modo preferido pelo ser humano.

FLOW E O MÉTODO LEGO SERIOUS PLAY

Você pode se lembrar da Introdução desse livro — onde nós descrevemos o desenvolvimento do método LEGO SERIOUS PLAY — que algo não deu certo nas primeiras experiências que Johan Roos e Bart Victor conduziram usando blocos de LEGO para um desenvolvimento estratégico em equipes executivas, entre outras, na LEGO.

Depois, falamos sobre decifrar o código em referência ao desenvolvimento de Robert e sua equipe quando eles assumiram o desafio posterior do método, e continuaram utilizando-o com equipes em várias companhias e indústrias diferentes.

Ambas as coisas (**não compreender** e **decifrar o código**) indiretamente referem-se ao conceito de *flow*. De acordo com Hans Henrik Knoop *(Play, Learning and Creativity: Why Happy Children are Better Learners)*:

"Nós nos divertimos mais, aprendemos melhor e somos mais criativos quando estamos fazendo algo suficientemente difícil, porque nosso corpo inteiro entende como atingir suas metas (quando estamos) nessa situação. Essas metas incluem desenvolver competência, vitalidade e complexidade — nossos cérebros reagem com *feedbacks* emocionalmente positivos, para encorajar-nos a continuar fazendo isso."[1]

Uma vez que tenhamos apreciado uma consequência completa do *insight* de *flow* e feito disso o ponto principal para o sistema operacional do LEGO SERIOUS PLAY, as coisas começam a acontecer. Nós sabíamos que teríamos um método que aumentaria muito as possibilidades reais de mudança e ocorreria um aprendizado de longo prazo.

Em termos práticos, uma das primeiras coisas codificada foi o uso de **habilidades em construir**. Fazer desses exercícios uma parte integrante da experiência para todos os novos usuários do LEGO SERIOUS PLAY garantiu que eles construíssem habilidades com os blocos e no uso de metáforas e histórias. Isso também garantiu que essas habilidades seriam tão elevadas que eles poderiam enfrentar desafios cada vez mais difíceis — outro elemento que reflete um uso intencional da teoria do *flow*.

Participantes que completaram o *workshop* com o método LEGO SERIOUS PLAY geralmente descrevem suas experiências como uma volta de montanha-russa intelectual e emocional, e demonstraram um profundo sentimento de realização. Eles sentem que eles e suas habilidades foram estendidos, que o tempo voou, e que foi uma experiência intensamente apreciada. O que eles descrevem em suas jornadas através do modelo de *flow*, com várias travessias dentro e fora do corredor entre A1 e A4 (veja a Figura 8.1).

Entretanto, cada caminho individual a esse estado de *flow* é diferente. Alguns na equipe se sentirão ansiosos (A3) no começo do *workshop*. Geralmente essas pessoas irão assumir que as habilidades necessárias que precisam ser empreendidas no processo de LEGO SERIOUS PLAY são demais para eles; talvez eles nunca tenham brincado com blocos de LEGO antes e tenham medo de que isso será um retrocesso. Talvez assumam que isso é um empreendimento que requer criatividade, e se eles não se consideram criativos, isso torna o desafio percebido muito grande.

Outros no grupo se permitiram, ou esperam, se sentirem entediados (A2). Esse grupo tende a assumir que o LEGO SERIOUS PLAY é frívolo ou uma brincadeira só para crianças; talvez eles percebam isso como inapropriado ou até prejudicial para uma empresa séria.

Consequentemente, eles sentem que estão perdendo tempo entrando nessas atividades. Ambos os grupos de ansiosos (A3) e entediados (A2) focam suas atenções em suas expectativas ou visões equivocadas do processo em que eles estão prestes a se engajarem, ao contrário de se concentrarem nos objetivos e propósitos do *workshop*. Nenhum desses grupos está olhando adiante para a experiência.

A terceira equipe na sala está em A1 desde o começo. Elas estão olhando adiante, no que está por vir, em um estado de preparação por um aprendizado excelente, movendo-se para cima no corredor de *flow* em direção a A4.

É aqui que a construção de habilidades, referidas anteriormente, se torna fundamental. Uma das competências fundamentais para um facilitador LEGO SERIOUS PLAY bem-sucedido é a habilidade de ajudar os A2s e A3s a se moverem para o estágio A1, antes que os primeiros 45 a 60 minutos do princípio do *workshop* tenham passado. O projeto do *workshop*, junto com a progressão e a formulação dos desafios, tem que ser ajudar esses grupos a se moverem para o corredor do *flow*. Este movimento e o sucesso na escalada através do modo ótimo de aprendizado podem acontecer quando:

- Os participantes podem se focar em uma tarefa com metas claras.
- Existe um equilíbrio apropriado entre o desafio e as habilidades.
- Eles sentem uma quantidade correta de dificuldade em desafios constantemente crescentes.

- As regras são claras e facilmente compreensíveis.
- Existe uma informação clara de quão bem eles estão se saindo em cada etapa do processo.

Esse mecanismo A1–A2–A3 também pode ser observado no dia a dia da maioria das organizações. Pessoas que se sentem estressadas, esgotadas, ou apenas tipicamente sobrecarregadas estão numa posição A3 e não conseguem adquirir as competências necessárias, ou reduzir o desafio suficientemente para elas experimentarem mais alegria e satisfação com seu trabalho. Funcionários no estágio A2 começarão a procurar novas oportunidades ou começarão a perceber que suas performances não estão sendo apreciadas como deveriam ser. Grupos inteiros podem começar a se comportarem de maneiras parecidas. A responsabilidade de um bom líder ou gestor é ter atenção constante onde seus subordinados estão em relação ao corredor do *flow*, e apoiar sua jornada em direção ao estado eterno de A4.

No próximo capítulo, olharemos para a **imaginação: o poder mental que nos ajuda a ver o que não é.**

CAPÍTULO 9
Imaginação – Enxergando o que não é

Ao longo da história, o termo **imaginação** teve diferentes conotações culturais e linguísticas. Todas compartilham a ideia básica de que os humanos têm uma habilidade única para formar imagens ou para imaginar alguma coisa, não apenas para espelhar a realidade, mas também transcendê-la. Imaginação é a nossa **capacidade mental de conceber o que não é** – uma habilidade que é central no método LEGO® SERIOUS PLAY®. É parte do nosso objetivo fazer com que as pessoas sigam em frente, destravem novos conhecimentos e quebrem pensamentos convencionais – tudo o que nós queremos é que eles sejam aplicados para a empresa, para a equipe e para o desenvolvimento pessoal. O LEGO SERIOUS PLAY deve permitir que as pessoas descubram novas realidades e possibilidades – nas palavras do psicólogo John Dewey, **"olhar para as coisas como se elas pudessem ser de outra maneira."**

As pessoas frequentemente usam os termos **imaginação** e **criatividade** indistintamente. Entretanto, no melhor dos casos isso é impreciso ou, no pior é incorreto. Imaginação e criatividade estão relacionadas, com certeza. Se a imaginação é a habilidade de conceber o que não é, então a criatividade, por sua vez, é a **imaginação aplicada**. Por exemplo, membros de uma organização estão usando suas imaginações ao tentar sugerir formas de se tornarem mais competitivos no mercado. Eles estão agindo criativamente quando realmente **vão** baixar os preços e mudar o serviço ao consumidor, porque aplicaram a imaginação.

Diversos livros e publicações têm sido escritos sobre imaginação. No contexto do LEGO SERIOUS PLAY, o termo implica não apenas em um, mas em ao menos três significados:

1. Descrição de alguma coisa existente.
2. Criação de algo novo.
3. Desafiar algo existente.

No LEGO SERIOUS PLAY nos referimos à ação combinada desses três tipos de imaginação como **imaginação estratégica**. Antes de seguirmos nesse assunto, vamos nos aprofundar nos três papéis da imaginação – maneiras de ser formar imagens do que não é – desde que cada uma delas é relacionada a uma forma de aplicação da imaginação.

IMAGINAÇÃO DESCRITIVA: DANDO SENTIDO ÀS COISAS

O papel da **imaginação descritiva** é de suscitar imagens que descrevem o mundo complexo e confuso lá de fora. Esta é a imaginação que rearranja dados e informações, identifica padrões e regularidades na massa de dados que análises rigorosas geram, e informa por julgamentos baseados em anos de experiência. A imaginação descritiva não revela apenas o que está acontecendo, ela também nos permite atribuir sentido a isso e ver novas possibilidades e oportunidades. Essa necessidade (e habilidade) de espelhar o mundo é central em todo tipo de desenvolvimento, inclusive no empresarial. Por exemplo, as **cinco forças** de Michael Porter, as cadeias de valor e a ubíqua matriz 2x2 suscitam nossa imaginação descritiva. Usar metáforas, como paisagens para descrever o mundo, nos ajuda de várias formas a expandir as imagens descritivas. Essa é a maneira pela qual seres humanos geralmente lidam com informações complexas ou confusas. Ao adicionar estrutura à informação, usamos a imaginação descritiva de forma efetiva para focar em padrões repetitivos e ver as coisas de uma forma diferente. O popular *Business Model Canvas*, de Alexander Osterwalder é outro exemplo do uso da imaginação descritiva para entendimento do mundo (veja o caso Scurri, no Capítulo 1, para um exemplo de *workshop* baseado no *Business Model Canvas*). O Weather Channel também faz uso extensivo da imaginação descritiva para nos mostrar gráficos e diagramas e tornar a comunicação mais efetiva. A imagem na Figura 9.1 é um exemplo de uso da imagem descritiva para ilustrar a qualidade de liderança em uma equipe. Neste caso, só existe uma maneira correta de pensamento, que é o pensamento idêntico ao do líder.

IMAGINAÇÃO CRIATIVA: CRIAÇÃO DE ALGO NOVO

A imaginação criativa nos permite ver **o que não está lá**. Ela suscita verdadeiras novas possibilidades de combinação, recombinação e transformação de coisas ou conceitos. É a característica essencial de visionar, também conhecido popularmente como *brainstorming* ou pensar fora da caixa. Enquanto que a imaginação descritiva nos permite ver o que **está** lá (mas de uma nova forma), a imaginação criativa nos possibilita ver o que não está lá (ainda). Utilizamos essa abordagem para criar algo realmente novo e totalmente diferente. A imagem na Figura 9.2 ilustra um exemplo de uso da nossa imaginação criativa. Pode não ser uma boa ideia ter uma quarta roda maior do que as outras, mas é um exemplo de ver o que não está lá ainda.

FIGURE 9.1 – Usando a sua imaginação descritiva para representar a uniformidade de pensamento em uma equipe.

A imaginação criativa é associada com estratégias inovadoras que algumas organizações empreendem não apenas para ganhar de seus concorrentes, mas para torná-los completamente irrelevantes. Esse é o espírito que Gary Hamel – um dos pensadores de negócios mais influentes do mundo, segundo o *The Wall Street Journal*[I] – chama de "Competindo pelo Futuro"[II]. A imaginação criativa estava em ação quando a Apple desenvolveu a estratégia dos *iPads* e *iPhones*, e quando companhias como o Google, e seus *Google Glasses*, a Virgin Group, com seu *Virgin Galactic* e a Microsoft, com o *Xbox*, estenderam suas marcas para novos produtos e novos mercados, como bens de consumo, turismo espacial e *games*.

FIGURA 9.2 – Usando a imaginação criativa para mostrar uma ideia ainda não vista.

As pessoas são motivadas a invocar a imaginação criativa quando estão insatisfeitas com as escolhas atuais. Frequentemente camuflada em mistério, a imaginação criativa é, às vezes, descrita por termos como um **raio surpreendente**[1], **talento divino** ou **gênio**. Entretanto, a maioria das mentes sóbrias encontra esta imaginação em qualquer lugar e em qualquer pessoa – e percebe que, longe de ser mística, ela resulta de uma ideia ou de muita experiência e análise. Um exemplo famoso de imaginação criativa é a invenção das malas com rodas, mostrada na Figurada 9.3.

A *Rollaboard*[2] foi inventada em 1987 por Robert Plath, um piloto da Northwest Airlines ávido por novos experimentos testados na sua oficina caseira. Ele fixou duas rodas e uma alça longa nas malas, que passaram a rolar na posição vertical, em vez de serem carregadas de maneira plana – como tinha sido o caso desde a invenção do modelo de quatro rodas.[III] A habilidade de Plath foi de ver o que ainda não estava lá, na área de bagagem com rodinhas. O modelo com quatro rodas existe desde cerca de 1970, mas realmente nunca pegou.

---

1 – Entenda raio surpreendente como um clarão, como se o efeito de um raio clareasse as ideias durante o processo criativo.

2 – *Rollaboard* é a mala que possui duas rodinhas e alça retrátil, criada depois da mala com quatro rodinhas.

A imaginação criativa tem um papel central na estratégia de processos e é frequentemente associada a estratégias inovadoras. Entretanto, existe uma divisão clara entre imaginação criativa, aquela em que a pessoa se concentra em realidades possíveis e na elaboração dela, e fantasia, o domínio do impossível. Quando a imaginação criativa é levada a um extremo negativo, há o risco de entregar-se à fantasia, ao impossível e ao improvável. Os estrategistas que perdem contato com a experiência arriscam-se apenas a fantasiar.

FIGURA 9.3 – Bagagem *Rollaboard*.

IMAGINAÇÃO DESAFIADORA: DESAFIO E DESTRUIÇÃO

A **imaginação desafiadora** é completamente diferente dos outros dois tipos. É com ela que nós negamos, contradizemos e até destruímos o senso de progresso das imaginações descritiva e criativa. A imaginação desafiadora derruba todas as regras, deixando tudo como uma lousa limpa. Ela vai além da imaginação criativa na medida em que não se limita a adicionar um novo elemento a algo que já existe; ela desmonta completamente o que está lá. Ela começa do zero e não assume nada. A imagem na Figura 9.4 ilustra um exemplo de uso da imaginação para desafiar a noção de que as rodas de um carro têm que ser redondas. Isso força você a chegar em soluções sobre como pode ser prazeroso guiar um carro com rodas quadradas.

FIGURA 9.4 – Usando sua imaginação para desafiar o conhecimento convencional.

Alguns métodos de imaginação desafiadora incluem desconstrução e sarcasmo. Um bom exemplo é o engenheiro e gestor Michael Hammer, autor da noção de "reengenharia". Essa noção – que frequentemente é mal interpretada – não é sobre melhorar práticas existentes. Em vez disso, é sobre "jogar algo fora e começar tudo de novo, iniciando com a chamada lousa limpa e reinventando como você faz o seu trabalho."[IV] A imaginação desafiadora foi necessária na Nokia, quando a companhia resolveu deixar para trás sua tradição em produtos de madeira e botas de borracha para se tornar uma inovadora da telecomunicação – ela também foi essencial na reviravolta da LEGO.

Embora possa parecer incomum, desconstrução, neste sentido, é muitas vezes relacionado ao sarcasmo e ao reconhecimento de que não há nenhuma coisa sagrada como a "verdade". A manifestação mais popular dessa abordagem é a tira em quadrinhos *Dilbert*. A criação de Scott Adams faz uma paródia do universo dos negócios e se tornou uma força vital na conversa de estrategistas de indústrias em todo o mundo. Naturalmente, pode-se levar essa desconstrução longe demais, negando e rejeitando tudo e não sobrando nada. A armadilha da imaginação desafiadora, então, é uma espécie de niilismo[3] estratégico, em que todas as escolhas são consideradas falhas, todos os planos inviáveis e todo posicionamento impreciso e ilusório.

IMAGINAÇÃO ESTRATÉGICA

Discutimos como todos os humanos têm a habilidade de formar imagens ou de imaginar alguma coisa.

A parte mais desafiadora, naturalmente, é como colocar essa habilidade para trabalhar e **estimular a criação** dessas imagens. Imagine-se sentado em uma mesa, olhando um pedaço de papel branco ou um quadro branco vazio, sendo incumbido de descrever como é o seu negócio e como ele deverá ser no futuro. Essa não é uma tarefa fácil para a nossa imaginação, ela precisa de **ferramentas** para trabalhar. Vejamos um exemplo de como o método LEGO SERIOUS PLAY pode auxiliar a nossa imaginação.

A organização que criou o modelo mostrado na Figura 9.5 acreditava ter uma invenção nova e única de um produto (simbolizado pelo panda ao centro). Entretanto, a nova criação não estava vendendo. O *workshop* LEGO SERIOUS PLAY descobriu a raiz do problema: enquanto a organização estava muito orgulhosa da sua invenção (a casa triangular no meio, abrigando o panda), ela também temia imitações. Portanto, tornou-se **muito** protetora de sua ideia, o que é transmitido pelo fato do panda estar numa gaiola com cercas e os membros da equipe agindo como guardas. Eles podiam ver os clientes (na redoma de vidro) e os clientes podiam vê-los, mas os dois não podiam se comunicar.

Uma vez que os membros da equipe entenderam a raiz do problema, o departamento de *marketing* jogou *games* de "e se" – em outras palavras, conduziram alguns testes de cenário. Eles perguntavam: e se nós removermos os guardas e as cercas? Por imaginar e colocar

---

3 – Niilismo (do latim *nihil*, nada) é um termo e um conceito filosófico. É a desvalorização e a morte do sentido, a ausência de finalidade e de resposta ao "porquê".

para fora consequências em potencial, os membros da equipe foram capazes de decidir a melhor maneira de retirar o panda do ambiente superprotetor e colocá-lo nas mãos dos clientes.

FIGURA 9.5 – Aplicando a imaginação estratégica para entender uma situação, perceber o que está faltando e desafiar a sua maneira atual de ver o mundo.

Podemos ver claramente a **imaginação estratégica** atuando nesse simples exemplo – que é o processo que surge da interação complexa entre os três diferentes tipos de imaginação. Os blocos LEGO auxiliam os participantes a aplicarem a **imaginação descritiva** para dar sentido ao que está acontecendo no momento. Depois, eles usam a **imaginação desafiadora** para formar imagens de como eles poderiam mudar essa situação e, finalmente, empregam a **imaginação criativa** para criarem um novo cenário e avançarem.

É importante enfatizar o valor e o perigo de cada um dos três tipos de imaginação, já que notamos que muitas pessoas tendem a ver a imaginação como um produto apenas da imaginação criativa, e sendo sempre positiva. Mas cada um dos tipos têm os seus prós e contras. Enquanto a maioria das pessoas percebe a imaginação desafiadora como negativa, devido aos seus efeitos sociais na interação do grupo, ela também pode fornecer um enorme poder imaginativo. Isso reforça a importância do papel do facilitador em criar espaço para a expressão e benefícios positivos para cada um dos três tipos, enquanto garante o desencorajamento dos efeitos sociais negativos comuns.

Os participantes do *workshop* não estão cientes dessa interação entre os três tipos de imaginação, e isso não é diretamente observável. O que nós **podemos** notar são as dinâmicas sociais manifestadas entre os participantes do *workshop* LEGO SERIOUS PLAY, que estão de acordo com três diferentes categorias:

1. A construção de novo conhecimento agregado a partir do conhecimento e da experiência.
2. O compartilhamento de significado a partir deste novo conhecimento.
3. A transformação quando esse novo conhecimento é assimilado.

No próximo capítulo, vamos analisar o **ato de jogar/brincar**, em especial o brincar sério, e explicar como o uso intencional da imaginação é uma parte integrante do jogar.

CAPÍTULO 10
Play é sobre o processo

No Capítulo 3, discutimos brevemente sobre a definição de uma brincadeira[1] séria no método LEGO® SERIOUS PLAY®. Este capítulo amplia um pouco mais essa definição de duas maneiras: (1ª) Olhando mais detalhadamente os benefícios e os propósitos da brincadeira e (2ª) Mostrando como as características de uma brincadeira séria ganham vida durante um *workshop* de LEGO SERIOUS PLAY.

OS BENEFÍCIOS DE BRINCAR

Vamos revisar a definição de Johan Huizinga para brincar (*play*) em quatro partes, apresentadas no Capítulo 3. Como você deve se lembrar, brincar:

1. É algo totalmente atrativo.
2. É intrinsecamente motivador.
3. Inclui elementos de incerteza ou surpresa.
4. Envolve um senso de ilusão ou exagero[1].

Brincar é sobre **processos**; trabalho é sobre **resultados**. O propósito de uso do método LEGO SERIOUS PLAY é produzir resultados de maneira mais rápida (por exemplo, construir um negócio melhor). É útil manter em mente que brincar, geralmente, não é perder tempo. Ele serve um propósito e oferece diversos benefícios aos jogadores, como:

- **Biologicamente.** Brincar influencia positivamente o desenvolvimento do cérebro. Na verdade, trata-se de uma via de mão dupla, em que o cérebro molda a brincadeira, mas a brincadeira também influencia o cérebro. Como as atividades lúdicas se tornam cada vez mais complexas, novas redes neurais são adicionadas para lidar com essa complexidade. Ao conduzir pesquisas sobre o brincar, Stuart Brown afirma de maneira forte e elegante: "Brincadei-

---

1 – A palavra *play* foi mantida como parte da denominação do método LEGO SERIOUS PLAY. Entretanto, ao longo deste capítulo está traduzida como brincar pois a brincadeira e o ato de brincar traduzem melhor o sentido dado pelo autor.

ras são como um fertilizante para o crescimento do cérebro. É maluco não utilizá-las."[II]
- **Socialmente.** Brincadeiras ajudam a desenvolver a calibração das respostas emocionais a diversos acontecimentos inesperados e ambíguos. Auxiliam na preparação de interações imprevistas, ajustando as habilidades de enfrentamento e redefinindo competências sociais. Durante a brincadeira, é possível assumir diferentes papéis, cooperando ou argumentando. É possível explorar, desafiar, discordar e entrar em acordo. Muitos pais – especialmente os de meninos – estão familiarizados com as chamadas brincadeiras de brigar. Esse é um tipo de brincadeira visto por muitos pesquisadores como essencial para o desenvolvimento de habilidades sociais, incluindo como lidar com conflitos. Brincar nos faz sentir vivos e nos ajuda a descobrir novos limites e possibilidades. Mais uma vez, Stuart Brown define isso bem: "Brincar nos dá a ironia de lidar com o paradoxo, a ambiguidade e o fatalismo. Ela nutre as raízes da confiança, da empatia, do cuidar e do compartilhar."[III]
- **Aprendizado e desenvolvimento.** Brincar ajuda a testar nossas capacidades, além de exercitar e aperfeiçoar nossas habilidades. Além disso, o aprendizado e a memória parecem se fixar melhor e durar mais quando aprendemos brincando. Brincar é um contexto em que nos sentimos seguros para assumir riscos sem nos preocupar, em que podemos imaginar o inimaginável sem medo e realizar o que parecia impossível sem hesitar. Como Stuart Brown afirmou, "Quando paramos de brincar, paramos de nos desenvolver. Quando isso acontece, as leis da entropia assumem – e as coisas desmoronam."[IV]

MAIS SOBRE BRINCAR

De acordo com Whitebread e Basilio (ambos pesquisadores da Universidade de Cambridge): "A brincadeira está presente nos humanos. Toda criança em qualquer cultura brinca, existem fortes evidências arqueológicas e históricas que isso sempre aconteceu, desde o surgimento das espécies."[V]

Whitebread e Basilio também apontam que, geralmente, os adultos não apenas auxiliam as crianças no ato de brincar, mas também participam efetivamente. Mesmo que todos brincassem – e todos nós sabemos como é brincar – as coisas se tornam muito menos claras ao tentar fixar teorias e definições sobre brincar, o que isto é, e o que pode causar.[VI] Com isso em mente, introduziremos ideias e descobertas sobre o ato de brincar, como uma tentativa de dar sentido a isso.

Brincar envolve as seguintes características e elementos:

- Geralmente, é demarcado culturalmente, temporalmente e espacialmente. Onde, quando e como são claramente definidos por:
  - Liberdade (você **não tem** que brincar).
  - Separação (a já mencionada marcação de tempo).
  - Orientação não-produtiva (as pessoas não brincam para produzir um bem).
  - Regras (que ajudam a suspender a realidade ou a normalidade da vida real).
  - Ficção (uma consciência de que o brincar é algo diferente da vida real).
- Explora e representa quaisquer experiências da vida do jogador. Por exemplo, crianças frequentemente interpretam uma experiência recente. No capítulo sobre os blocos LEGO, escrevemos sobre como as crianças costumam construir coisas que capturam experiências recentes. No domínio digital, foi visto como as crianças que jogam *Minecraft* copiam experiências da vida no âmbito virtual.
- Também tem sido dividido em diferentes categorias, por exemplo:
  - Brincadeira física.
  - Brincadeira com objetos.
  - Brincadeira simbólica.
  - Brincadeira de pretensão ou sócio-dramática.
  - Jogos com regras.

O método LEGO SERIOUS PLAY adiciona uma nova categoria: **a brincadeira séria**.

A primeira observação importante a se fazer sobre esse esforço é que brincar é uma **transformação poderosa** – algo que usamos intuitivamente durante a infância e que também deve ser usado durante a fase adulta. Por natureza, humanos continuam brincando além de uma determinada idade, ao contrário do observado em outras espécies. Essa extensão da brincadeira na fase adulta acredita-se ser a base para o que Whitebread e Basilio chamaram de "flexibilidade de pensamento que está subjacente à espantosa habilidade de resolver problemas e criatividade dos humanos."[VII] Infelizmente, observamos que apesar de estar em nossa natureza o hábito de continuar brincando mesmo depois de crescer, frequentemente os adultos ignoram ou reprimem o uso desse poder transformador.

A brincadeira existe em algum lugar entre a realidade e a irrealidade. É um paradoxo porque é e não é o que parece ser. Diferentemente da vida real, a brincadeira pode ser terminada ou desligada. Em outras palavras, um jogador pode sair e voltar para uma brincadeira. Isto é, é possível decidir parar de brincar, resolver uma tarefa mundana, fazer um telefonema, descansar e, depois, retomar a brincadeira. Brincar é uma liberação criativa daquilo que é constrangido na vida real, por isso é mais que racional. Johan Huizinga, que já citamos previamente, apontou que os humanos são mais que racionais, porque brincar é irracional.

De certa forma, essa natureza esquiva do brincar mostra-se como uma faca de dois gumes: enquanto auxilia no desenvolvimento do jogador, também pode fazer com que alguns adultos em empresas contemporâneas se afastem dela. Eles se perguntam: como pode – ou porque deveria – me permitir passar uma parte do tempo em algum lugar entre a realidade e a irrealidade?

Na verdade, esse é um dos paradoxos sobre brincar: claramente, não argumentaríamos que brincar é um luxo. Não é frívolo e, certamente, não deveria ser algo a ser deixado de fora de um escritório. Ao contrário, deveria ser levado para dentro dos escritórios – e a melhor maneira de fazer isso é por meio do LEGO SERIOUS PLAY e seu método de brincadeira séria.

APLICANDO UMA BRINCADEIRA SÉRIA EM UM *WORKSHOP*

Os três benefícios de uma brincadeira séria que já enfatizamos ajudaram a moldar a experiência e a entrega do LEGO SERIOUS PLAY. São as marcas culturais, temporais e espaciais da brincadeira séria no método e, portanto, o que vamos focar aqui.

Um *workshop* LEGO SERIOUS PLAY é uma colheita intencional de aplicação da imaginação

Para que uma atividade seja considerada LEGO SERIOUS PLAY, é preciso estar bem claro (1º) por que o grupo está se encontrando, (2º) quem está se encontrando e (3º) onde e quando eles vão se encontrar. Nada disso é ao acaso.

Sobre ser uma colheita intencional, significa que não acontece coincidentemente. O grupo está se encontrando **de propósito e com um propósito**. Eles sabem o que querem trabalhar e a natureza do desafio. Eles apenas não sabem qual é a solução. Assim, é preciso aplicar a imaginação para ver o que não é, interpretar aquilo e alcançar uma solução que pode se tornar real.

Falamos sobre a imaginação descritiva, criativa e desafiadora como os três papéis da imaginação (no Capítulo 9). Esses papéis são usados deliberadamente nos *workshops* LEGO SERIOUS PLAY. Entretanto, enquanto as particularidades de aplicação dessas imaginações geralmente não são explicadas de forma explícita, é essencial deixar claro que o propósito do encontro é **aplicar a imaginação** – e que os participantes vão fazer isso sobre um determinado tópico, acordado de antemão.

Explicar o porquê de forma clara e motivacional auxilia os jogadores em um *workshop* LEGO SERIOUS PLAY a se concentrarem. Nosso córtex pré-frontal sempre se esforça para focar em objetivos e planos de longo prazo. Portanto, para permitir a concentração em uma brincadeira séria é preciso deixar claro quais são as metas e como elas estão alinhadas a planos de longo prazo – sejam eles individuais ou da empresa.

A segunda escolha intencional é sobre quem irá se encontrar. O método LEGO SERIOUS PLAY pressupõe que todo mundo pode e quer fazer algo bem-feito, e que a solução está na sala. O facilitador está lá para facilitar – não para dar a solução. Consequentemente, é importante alcançar as pessoas que são parte da solução na sala. A fim de fazer parte da solução, você precisa ser parte da situação atual (o problema). Portanto, o processo do LEGO SERIOUS PLAY requer que essa coleta inclua pessoas que, posteriormente, vão precisar deste resultado para tomar melhores decisões – aqueles com padrões habituais que precisam ser quebrados e com potencial e conhecimento que precisam ser desbloqueados.

Os participantes não devem apenas **ser** parte da solução, eles também precisam **querer** ser parte dessa solução. Brincar, incluindo brincar sério, é algo intrinsicamente motivacional. No início, os participantes podem se perguntar se o método LEGO SERIOUS PLAY é a maneira certa de resolver um problema. Mas, primeiramente, eles nunca devem se perguntar se a busca de uma solução vale o esforço da procura e da criação.

Para o método LEGO SERIOUS PLAY funcionar, o ambiente físico deve ser escolhido de forma consciente, com hora e tempo de duração claramente definidos. Estes elementos em particular fazem com que a brincadeira se torne atrativa. As decisões também incluem encontrar uma mesa do tamanho certo e cadeiras suficientemente confortáveis, além de ter certeza que é possível se concentrar, enquanto nenhuma outra atividade aconteça simultaneamente.

O *workshop* está preparando e explorando, não implementando

Já dissemos diversas vezes ao longo deste livro que brincadeira é sobre processo e trabalho é sobre resultado. Embora seja um pouco simplificado, isso pretende destacar como a brincadeira nos auxilia a **chegar na solução**, enquanto trabalho é sobre **colocar essa solução em prática**. Esta segunda parte, o trabalho, frequentemente acontece com a implementação de um plano. Paradoxalmente, isso significa que apesar da entrega de um *workshop* LEGO SERIOUS PLAY ser bastante concreta, ela é primeiramente uma preparação para a implementação de melhores tomadas de decisão e, por meio disso, construir um negócio melhor. Esse processo pode ser percebido na ilustração da Figura 10.1.

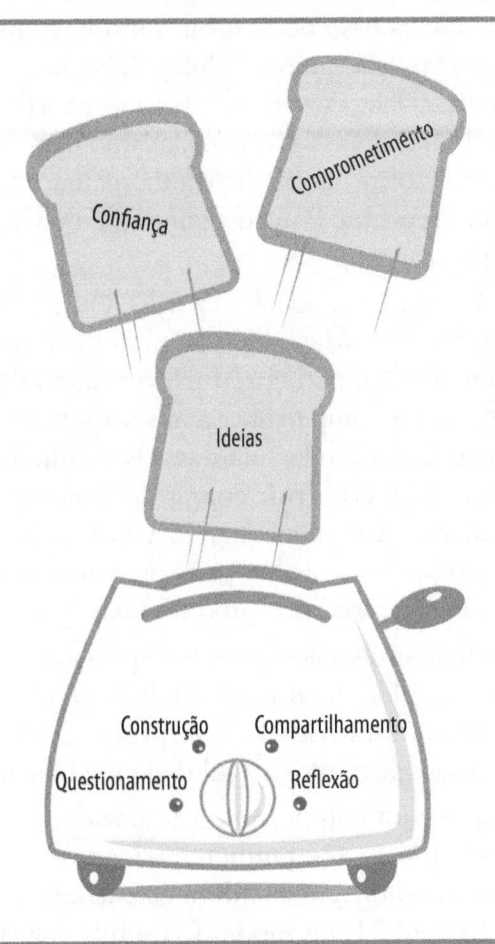

FIGURA 10.1 – O objetivo do LEGO SERIOUS PLAY é sempre produzir mais ideias, mais confiança e mais comprometimento.

O processo principal de ser questionado, construir uma resposta, compartilhá-la e refletir sobre ela leva a novas ideias sobre o tópico que foi perguntando. Essa é a principal parte da exploração. Segundo, descobrir suas próprias ideias e ouvir todas as dos outros participantes, leva a mais exploração e experimentação, conduzindo os participantes a uma solução na qual tenham confiança. Uma vez que todas as ideias tenham sido transformadas em algo que todos confiem, então isso levará ao comprometimento, o que significa que quando for a hora de implementar e tomar decisões os participantes definitivamente o farão – mesmo quando ninguém estiver avaliando.

Por exemplo, o processo pode levar a um novo modelo de negócios ou a uma nova visão, mas nenhum deles por si só pode fazer um negócio melhor. Em vez disso, eles são **acordos compartilhados** sobre como tomar decisões que os levarão para frente. Vão guiar a equipe de gestão sobre como distribuir recursos, quais mercados adentrar ou quem recrutar. (Veja o exemplo 5, no Capítulo 11, sobre uma empresa que fez isso).

Um outro exemplo é um *workshop* LEGO SERIOUS PLAY envolvendo todos os *stakeholders* em uma projeto de construção de um novo prédio. O *workshop* pode produzir o resumo de um projeto de forma compreensiva e compartilhada aos arquitetos e engenheiros, mas não produz o desenho das plantas. Os resultados do *workshop* vão guiar as decisões e construir comprometimento para que o trabalho gere resultados. Um *workshop* LEGO SERIOUS PLAY pode construir uma proposta de valor para os consumidores sobre um novo produto, mas não produz o produto final.

Como os participantes não se sentem pressionados para produzir diretamente e implementar o resultado final, eles são capazes de encontrar segurança, atratividade e surpresa no LEGO SERIOUS PLAY – melhorando, portanto, a qualidade final da entrega.

Isso nos leva de volta ao percurso ziguezague, apresentado anteriormente no Capítulo 4 (e também no Capítulo 11). Talvez você se lembre como o ziguezague auxiliou os participantes a atingirem seus objetivos (o ponto B no modelo), muitas vezes no menor período de tempo possível. O ziguezague e a velocidade são acelerados por um processo em que os participantes constantemente imaginam como será o resultado final, mas não estão fazendo como tal (por exemplo, eles não são diretamente responsáveis por produzir qualquer coisa). Eles são capazes de explorar, experimentar e testar sem estresse. Dessa forma, o processo assume qualidades de **antifragilidade**.

O ensaísta e estudioso Nassim Nicholas Taleb define antifragilidade como algo que cresce mais forte ao longo de testes de experiência, desafios e contratempos.[VIII] Então, qualquer coisa criada em uma brincadeira explora o que é possível e obriga os outros participantes a desafiá-la, também por brincadeira.

Assim que o processo LEGO SERIOUS PLAY entra na fase em que a entrega começa a tomar forma, os participantes podem se engajar na criação de cenários ou de um modelo compartilhado, ou de representar emergências – mas mesmo aqui eles continuam em um modelo de brincadeira séria. Posicionar um modelo relacionando-o com outros usando a TA3, criar um novo modelo compartilhado utilizando a TA2 ou explorar como um sistema responde usando a TA6 não são decisões. Em vez disso, os participantes estão **imaginando e criando** novos conhecimentos. Quando brincar leva a um novo estado e uma entrega acontece, então o processo pode chegar ao fim e os participantes podem documentar a entrega. Talvez você se lembre do exemplo sobre orçamento: quando o processo de orçamento é terminado, então os participantes vão registrá-lo detalhadamente e utilizá-lo na tomada de decisões. Similarmente, quando um modelo compartilhado construído representando uma nova visão fica pronto, então os colaboradores podem registrá-lo e utilizá-lo para tomar decisões de implementação.

O exemplo na Figura 10.2 representa o primeiro passo em documentar os resultados de um *workshop*. A foto registra os principais elementos na identidade aspiracional de uma empresa. Além disso, talvez existam ações a serem melhoradas, reforçadas ou, em outros casos, alteradas.

Enquanto o grupo está no *workshop*, eles podem imaginar seguramente o que não está lá e podem explorar, experimentar e testar essas soluções imaginárias, desde que não estejam sob a pressão de fazer algo acontecer. Isso permite que alcancem uma solução compartilhada e utilizem um processo para realizarem melhores decisões no futuro.

O *workshop* segue um conjunto de regras ou linguagem

A fim de apoiar o processo e proteger o espaço seguro em que a brincadeira ocorre, o facilitador LEGO SERIOUS PLAY sempre irá definir um conjunto de regras específicas. Algumas delas são particulares do método e você logo irá reconhecê-las da etiqueta do LEGO

146   LEGO® SERIOUS PLAY® : A PLATAFORMA CIENTÍFICA

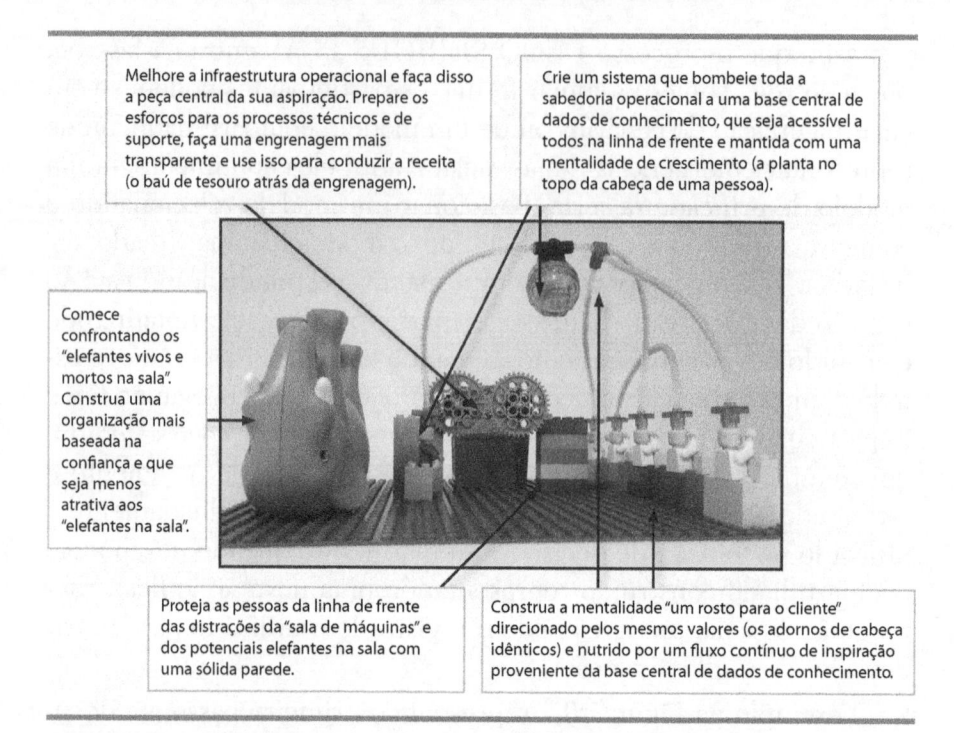

> Melhore a infraestrutura operacional e faça disso a peça central da sua aspiração. Prepare os esforços para os processos técnicos e de suporte, faça uma engrenagem mais transparente e use isso para conduzir a receita (o baú de tesouro atrás da engrenagem).

> Crie um sistema que bombeie toda a sabedoria operacional a uma base central de dados de conhecimento, que seja acessível a todos na linha de frente e mantida com uma mentalidade de crescimento (a planta no topo da cabeça de uma pessoa).

> Comece confrontando os "elefantes vivos e mortos na sala". Construa uma organização mais baseada na confiança e que seja menos atrativa aos "elefantes na sala".

> Proteja as pessoas da linha de frente das distrações da "sala de máquinas" e dos potenciais elefantes na sala com uma sólida parede.

> Construa a mentalidade "um rosto para o cliente" direcionado pelos mesmos valores (os adornos de cabeça idênticos) e nutrido por um fluxo contínuo de inspiração proveniente da base central de dados de conhecimento.

FIGURA 10.2 – Uma maneira de registrar e comunicar os resultados do processo LEGO *SERIOUS PLAY*.

SERIOUS PLAY (Capítulo 5), enquanto as outras são regras de facilitação bem estabelecidas.

Regra 1 – O facilitador faz uma pergunta com diversas possibilidades de resposta.
É claro e aceitável que existe uma pessoa guiando o processo, e que ela faz questões cuidadosamente trabalhadas. Esse facilitador pode não ter um poder, um *status* ou uma senioridade particular fora do *workshop*, na maioria das vezes essa pessoa nem faz parte da companhia. Mas esse indivíduo define a direção durante o processo. Isso conecta-se à intencionalidade da coleta: a intenção é conhecida e clara e os participantes confiam no facilitador para isso. Em vez de desafiar a posição do facilitador e o seu direito de fazer uma pergunta, os participantes têm confiança no processo e mergulham na exploração de uma resposta.

Regra 2 – Todo mundo constrói e todo mundo compartilha. Em um *workshop* LEGO SERIOUS PLAY as pessoas participam o tempo todo. Isso não quer dizer apenas que ninguém pode se sentar no muro e observar, mas também significa que é esperado que todo indivíduo construa uma resposta para a pergunta do facilitador com blocos LEGO.

Regra 3 – O significado está no modelo e o construtor o detém. Isso também significa que ninguém **pode estar errado**. Os participantes podem expandir sua propriedade com o uso de técnicas de cenário e de construção de modelos compartilhados, mas tudo começa em um nível individual. Essa regra é bastante fácil dos participantes seguirem. O que eles acham mais desafiador é o limite que ela também define. Isto é, se o significado é o modelo, então não está na história – ponto. Isso ajuda a manter a história não apenas emocionalmente engajada, mas também concisa e não repetitiva.

Regra 4 – Perguntas são sobre o modelo – não sobre o(s) indivíduo(s). Os participantes não podem interpretar a resposta dos outros ou dizer que outra pessoa está errada. Eles podem **discordar**, o que eles podem demonstrar por meio de seus próprios modelos ou utilizando a técnica de **perguntar sobre o modelo**. Isso significa que em vez de fazer uma pergunta diretamente à pessoa, a questão é sobre o que a pessoa construiu – o que os participantes literalmente podem ver. Dessa forma, o processo de brincadeira séria retira o questionamento do domínio interpessoal, colocando-o no tópico do *workshop*.

Em um determinado *workshop*, isso realmente ajudou os participantes a se olharem olho no olho e seguirem em frente. Foi uma equipe de gestão superior que se encontrou para desenvolver uma nova visão. O CEO era uma contratação externa nova e entre os participantes ao menos três tinham expectativas de serem indicados ao cargo. Existiam muitos elefantes e suposições não ditas na sala, e só de perguntar sobre o que havia nos modelos ajudou-os a irem além, observando quem estava falando e ouvindo, ao invés de prestarem atenção no que estava sendo dito.

Depois que um indivíduo compartilha sua história, o facilitador demonstra a técnica de fazer perguntas sobre o modelo e também auxilia os participantes a fazerem o mesmo (passo 4, reflexão, no processo principal).

Regra 5 – Celulares são desligados. Assim como em todas as brincadeiras, uma brincadeira séria deve ser completamente atrativa, algo que os participantes só podem atingir ao se desligarem de distúrbios externos. Essa prática tipicamente não é aceita no trabalho ou no lazer – mas é vital enquanto se brinca, principalmente em uma brincadeira séria.

Os tópicos da Parte II – construção, conhecimento, neurociência, *flow*, imaginação e brincadeira – são os pilares que apoiam o método LEGO SERIOUS PLAY. Como mencionado anteriormente, alguns se tornaram parte da base logo no começo e outros surgiram mais tarde, conforme o método foi se tornando mais claro. Depois de descrevê-los detalhadamente, agora vamos entender como o método foi colocado em ação em empresas ao redor do mundo e depois, em particular, como foi utilizado dentro da própria LEGO. Esse é o foco da Parte III.

PARTE III

LEGO® SERIOUS PLAY® em ação

A Parte III desse livro irá investigar a fundo sobre como e onde o método LEGO SERIOUS PLAY foi utilizado para o desenvolvimento de empresas, equipes e pessoas.

Começaremos descrevendo as categorias de desafios para os quais as empresas geralmente usam o LEGO SERIOUS PLAY. Forneceremos conjuntos específicos de exemplos, citando e descrevendo onde o método foi utilizado, entre diferentes tipos de indústrias e culturas. Depois, daremos uma visão geral sobre como ele tem sido usado **dentro** da LEGO, como ferramenta para a construção de um negócio melhor.

Em todos os casos, nossas escolhas de exemplos foram guiadas pelo desejo de fornecer uma impressão da amplitude das oportunidades de aplicação.

Enquanto o método foi desenvolvido para a criação de negócios melhores, ele também tem sido utilizado fora deste campo. Daremos uma breve visão dessas aplicações, com foco especial em educação, desde o ensino infantil até programas para executivos.

Finalmente, mostraremos as principais ideias desses capítulos em uma reflexão sobre a arte de desenhar *workshops* com o método LEGO SERIOUS PLAY, concluindo sobre como isso pode ajudar na superação de limites.

CAPÍTULO 11
LEGO® SERIOUS PLAY® em ação nos negócios

De volta à introdução deste livro, usamos a metáfora de um carro para exemplificar o método LEGO SERIOUS PLAY: ele pode ser um carro pequeno, de tração nas quatro rodas, uma limousine ou qualquer outro. Agora, queremos compartilhar exemplos de empresas, equipes e indivíduos que decidiram "viajar" usando o LEGO SERIOUS PLAY, onde eles quiseram chegar com o método e porque eles escolheram esse processo para chegar até determinado destino.

Esse capítulo é dedicado a histórias de casos atuais de uma variedade de indústrias e organizações sem fins lucrativos, assim como instituições governamentais. Compartilharemos as ideias que acumulamos ao longo de um período de mais de 12 anos. Começaremos com quatro análises panorâmicas de como empresas aplicaram o método LEGO SERIOUS PLAY para desenvolver seus negócios, equipes e colaboradores. Depois, apresentaremos alguns casos atuais e terminaremos com comentários sobre os equívocos relacionados à aplicação do LEGO SERIOUS PLAY, que esperamos afastar com esse livro.

PANORAMA 1: O MERCADO UTILIZA O LEGO SERIOUS PLAY PARA ENGAJAR SEUS COLABORADORES

O maior objetivo de todas as aplicações é construir melhores negócios, melhores equipes e indivíduos mais competentes. Na Parte I, descrevemos a necessidade de irmos além dos 20/80, destravando novos conhecimentos e pensamentos convencionais – processo mostrado no diagrama da Figura 11.1.

Como mencionado, essas podem não ser necessidades novas para um negócio. entretanto, por razões de concorrência e devido às demandas cada vez mais sofisticadas de clientes e colaboradores, as expectativas cresceram. Não é suficiente ter especialistas engajados, destravando conhecimento e quebrando hábitos. Esse processo precisa ser estendido a todos dentro de uma empresa. Os usuários do LEGO SERIOUS PLAY estão mergulhados na metodologia por causa da sua habilidade em ir além da síndrome 20/80 e ativar 100/100 de participação. Ele envolve todos que se encontram ao redor de uma mesa e constrói comprometimento para uma melhoria sustentável e real.

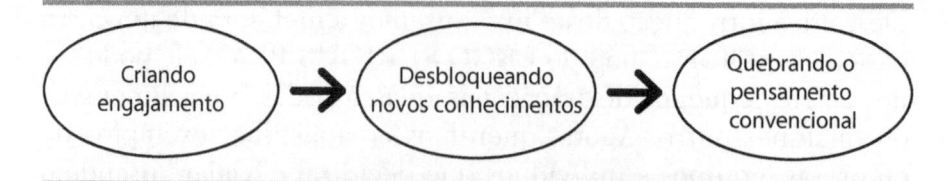

```
┌─────────────┐     ┌──────────────┐      ┌──────────────┐
│  Criando    │ →   │ Desbloqueando│  →   │ Quebrando o  │
│ engajamento │     │novos conheci-│      │  pensamento  │
│             │     │   mentos     │      │ convencional │
└─────────────┘     └──────────────┘      └──────────────┘
```

FIGURA 11.1 – Três boas razões para usar o LEGO SERIOUS PLAY

Podemos observar essas duas possibilidades de interação por porcentagem nas fotos da Figura 11.2. À esquerda, uma situação típica de um *workshop* com o LEGO SERIOUS PLAY, em que todos os participantes estão ativos, engajados e contribuindo. Ao lado direito, o mais visto, infelizmente, em reuniões normais. Uma pessoa está à frente da sala, próxima ao cavalete e com o controle da caneta marcadora. Os outros participantes da reunião estão recostados em suas cadeiras, passivos e há uma grande possibilidade de estarem entediados.

Com a abordagem do LEGO SERIOUS PLAY, os resultados mostram que as pessoas "se inclinam à frente para participar das reuniões". Isso significa mais participação, mais ideias, mais conhecimento, mais engajamento e, por fim, mais comprometimento e rápidas implementações.

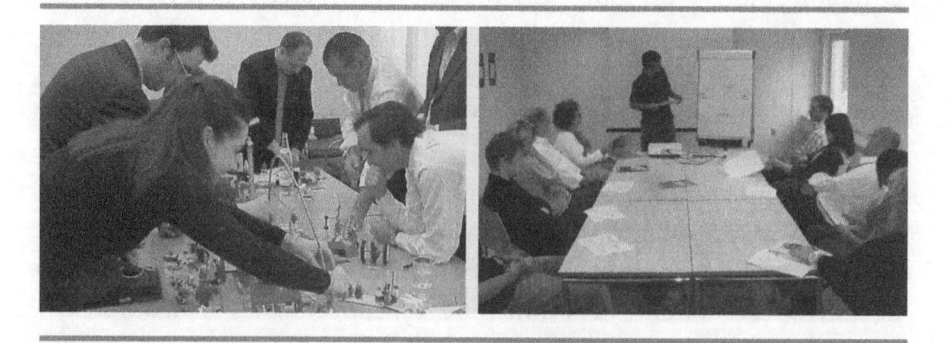

FIGURA 11.2 – À esquerda, uma reunião com participantes inclinados para frente. à direita, uma reunião com participantes recostados e acomodados.

PANORAMA 2: O MERCADO UTILIZA O LEGO SERIOUS PLAY PARA O DESENVOLVIMENTO DA EMPRESA, DA EQUIPE E DAS PESSOAS

Vamos rever o modelo já mostrado no Capítulo 4, que ilustra essa situação (veja Figura 11.3).

Alguns exemplos de desenvolvimento pessoal incluem *coaching*, resolução de conflitos, planejamento de carreira, *feedback* para compreensão da identidade e conversas de revisões com pares.

O desenvolvimento de uma equipe é muito mais do que a construção de um time: seu objetivo é abordar diretamente questões que os colaboradores devem enfrentar para tornar a equipe melhor e mais eficiente. Consequentemente, isso foca na identidade dos membros da equipe, assim como suas visões, objetivos, forças, responsabilidades, processos, cultura, espírito e estratégias para a melhoria da *performance*.

O desenvolvimento da empresa abrange todas as aplicações do LEGO SERIOUS PLAY que não são focadas especificamente no desenvolvimento da equipe ou do pessoal. Popularmente, as aplicações incluem o desenvolvimento organizacional, de negócios e de produto, assim como planejamento estratégico, inovação, mudança e gestão da mudança, fusões e aquisições, educação e pesquisa. A hierarquia, em termos de ordenação e sobreposição, tem um sentido. O desenvolvimento da empresa sobrepõe as outras duas elipses, seguido pelo desenvolvimento da equipe e o desenvolvimento pessoal ao fundo. As camadas indicam que o método é frequentemente utilizado para o desenvolvimento da empresa, mas devido a natureza da metodologia, sempre haverá um resultado padrão secundário em termos de desenvolvimento de equipe e pessoal.

FIGURA 11.3 – Desenvolvimento organizacional, de equipes e pessoal.

PANORAMA 3: O MERCADO UTILIZA O LEGO SERIOUS PLAY PARA DESAFIOS COMPLEXOS E DINÂMICOS

Uma forma de descrever o que queremos dizer por **complexidade** é que lidar com o desafio envolve múltiplas partes operando em um ambiente dinâmico e com um certo nível de imprevisibilidade. Portanto, é impossível se mover do ponto A ao B por uma linha reta, ilustrada na Figura 11.4 como um caminho. Também nos referimos a isso no Capítulo 4.

As empresas e os gestores que embarcam no uso do método LEGO SERIOUS PLAY regularmente experimentam esse desafio. Não demora muito para eles descobrirem que lidar com um desafio complexo, assumindo um plano detalhado e em linha reta para chegar de A à B, leva a uma jornada similar ao caminho 2, e não ao pretendido caminho 1. As setas acabam por apontar nas mais diferentes direções. Por isso, seguir por esse caminho pode significar que a empresa nunca chegue no tão desejado ponto final B.

O que é ainda pior é que algumas organizações tentam se ajustar a isso, traçando um novo plano semelhante ao caminho 1, mas isso raramente termina em sucesso. De acordo com alguns, isso cai na própria definição de **loucura: fazer a mesma coisa diversas vezes, esperando diferentes resultados**. Em vez de fazer isso, um grupo de gestores pode decidir prestar atenção na complexidade e na imprevisibilidade do desafio, explorando o caminho 3 e utilizando o método LEGO SERIOUS PLAY. Ao aceitar que chegar do ponto A ao B será um processo em ziguezague – e que só será bem-sucedido se todos os envolvidos participarem, o conhecimento de todos será desbloqueado e o pensamento convencional quebrado. Uma vez que todos estes pontos estiverem alinhados, a equipe e a empresa podem começar a navegar nas águas desafiadoras dos problemas complexos.

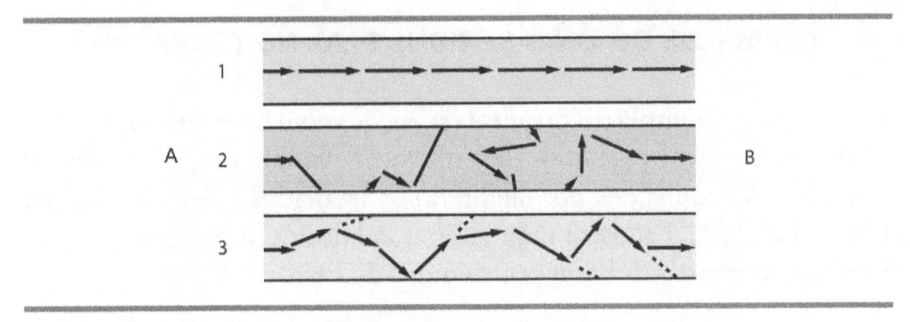

FIGURA 11.4 – Diferentes maneiras de chegar do ponto A ao B.

PANORAMA 4: O MERCADO UTILIZA O LEGO SERIOUS PLAY PARA ATENUAR DIVERSIDADES

Existem facilitadores treinados e usuários do LEGO SERIOUS PLAY em quase todos os cantos do mundo e em qualquer tipo de indústria. A metodologia trabalha bem dentro e entre diversos tipos de cultura, e tem sido usada em todos os continentes – de um gigante de eletrônicos em Tóquio, uma grande consultoria nos EUA, um hospício em Copenhague e uma organização não governamental (ONG) em Myanmar, até uma fazenda orgânica na Nova Zelândia e pequenas criações de gado no Timor Leste.

Frequentemente, as diferenças entre as pessoas – devido a fatores como posição, idade, língua, cultura, educação, competências e contexto – podem se tornar obstáculos para um grupo trabalhar junto e de forma efetiva para o desenvolvimento dos negócios. A experiência é que o método não apenas transcende essas diferenças ou fronteiras, mas também tem a habilidade de transformar essa diversidade em um benefício para o grupo.

Analisando as indústrias e empresas que utilizaram o LEGO SERIOUS PLAY, veremos algo similar. Ele alcança um ampla gama de indústrias, desde empresas grandes até pequenas. Conquista também empresas com fins lucrativos, sem fins lucrativos e instituições governamentais. Encontramos também muitos usuários no campo do ensino superior.

EXEMPLOS DO LEGO SERIOUS PLAY NO TRABALHO

Essa seção contempla diversas intervenções com o LEGO SERIOUS PLAY. Algumas nós mesmos desenhamos e facilitamos, outras foram desenhadas e aplicadas por facilitadores treinados e certificados por nós. A Tabela 11.1 mostra uma visão geral dos exemplos e indica sua localização por capítulo ou por número de caso.

TABELA 11.1 Visão Geral dos Casos

	Grandes empresas	Pequenas e médias empresas	Organizações governamentais	Organizações sem fins lucrativos
Desenvolvimento organizacional	Empresa farmacêutica construindo uma nova fábrica (#1). Criando propostas de valor para unidades estratégicas de negócios em uma empresa química multinacional química (#2). Desenvolvimento de conceito para um *showroom* (#3).	Transição de proprietários em um escritório de arquitetura (#4). Desenvolvimento de estratégia varejista na internet (#5). Desenvolvendo um modelo de negócios em uma *start-up* de Internet (Capítulo 1).	Cenários futuros em um departamento governamental (#6). Projeto inicial para um consórcio com múltiplos *stakeholders* (#7).	Desenvolvimento estratégico de parceiros (#8).
Desenvolvimento de equipes	Construindo uma equipe de líderes transformadora em um centro de serviço global (#9). Equipe global de *marketing* em uma companhia de mineração (#10).	Melhorando a comunicação em uma equipe virtual (#11).	*Workshop* de equipe em uma embaixada (#12).	Tornando-se a melhor equipe de líderes possível em uma casa de repouso (#13).
Desenvolvimento pessoal	Desenvolvimento da capacidade de pensamento estratégico (#14). Plano de desenvolvimento pessoal de carreira (#15).	Desenvolvimento de talentos em uma empresa farmacêutica de médio porte (#16).	Refocar para reinserir a força de trabalho (#17).	Associação de distrofia muscular: definindo uma boa vida (#18).

EXEMPLO DE CASO 1: COMPANHIA FARMACÊUTICA CONSTRUINDO UMA NOVA FÁBRICA

- Desenvolvimento organizacional
- Desenvolvimento do negócio
- Atenuando diversidades
- Problema complexo

Contexto: Uma companhia farmacêutica internacional, baseada na Escandinávia, planejava construir uma nova fábrica de US$ 200 milhões na América do Sul. Seria a maior de todas as instalações – duas a três vezes maior do que a fábrica atual. Além disso, a empresa teria que construí-la muito mais rápido do que o previsto.

Problema: Os desafios incluíam (1º) o desenvolvimento de uma estratégia compartilhada para os líderes que seriam realocados com suas famílias por um período de dois a três anos, para supervisionar o projeto, (2º) integrar os líderes como equipe, nos níveis pessoais e profissionais e (3º) integrar os objetivos da nova sede com o conhecimento e as ideias da equipe da América do Sul.

Intervenção LEGO SERIOUS PLAY: A solução foi um *workshop* estratégico de dois dias com um grupo de colaboradores da sede, os líderes que seriam realocados e os líderes locais da América do Sul. O *workshop* foi aplicado por dois facilitadores.

Resultado: O LEGO SERIOUS PLAY tornou possível aos participantes verem e entenderem o impacto de todo o sistema do projeto. Isso permitiu que os membros da equipe identificassem áreas com problemas em potencial, que não eram óbvias para eles antes do *workshop*. Além disso, uma área que eles não haviam atentando antes de participar do *workshop* envolveu preocupações práticas sobre como os familiares iriam se ajustar à vida no exterior. Então, a empresa utilizou novamente o LEGO SERIOUS PLAY com as famílias dos colaboradores – e, graças a isso, as famílias realocadas se ajustaram sem problemas às suas novas casas e fizeram muitos amigos.

EXEMPLO DE CASO 2: CRIANDO PROPOSTAS DE VALOR PARA UNIDADES ESTRATÉGICAS DE NEGÓCIOS EM UMA EMPRESA QUÍMICA MULTINACIONAL

(Desenvolvimento da empresa) (Problema complexo)

Contexto: A empresa é uma conhecida corporação multinacional, presente globalmente com um grande número de indústrias com mais de 100.000 colaboradores, 300 áreas de produção e um faturamento anual com vendas acima de 60 bilhões de euros.

Problema: A empresa estava passando por um processo de mudanças: especificamente, queria ajudar os seus engenheiros e os líderes das unidades estratégicas de negócios (UEN) a focarem menos na característica dos produtos e mais no valor entregue ao cliente. Tradicionalmente, a companhia entregava excelentes produtos, encorajando, desse modo, uma forte cultura da engenharia, em vez de uma cultura focada no cliente.

Intervenção LEGO SERIOUS PLAY: Os *workshops* foram amarrados a um longo processo. Cada um durou um dia e incluía participantes da equipe de gerência das UEN e/ou engenheiros líderes. Os participantes construíram modelos da identidade organizacional das UEN, seguidos por um cenário com modelos das necessidades dos clientes (por exemplo, TA3). O *workshop* foi concluído com o desenvolvimento de um modelo compartilhado que contava a história da proposta de valor.

Resultados: Os grupos foram embora com o modelo LEGO, a gravação da história e uma primeira versão da proposta de valor escrita. Isso ajudou a fomentar a transição do foco em características para o foco no valor entregue.

EXEMPLO DE CASO 3:
DESENVOLVIMENTO DE CONCEITO PARA UM *SHOWROOM*

- Desenvolvimento organizacional
- Inovação
- Atenuando diversidades
- Desafiando restrições

Contexto: Em outubro de 2011, a Hitachi Electronics Services Co., Ltd. e a Information Systems, Ltd. se fundiram em uma única empresa de serviços de tecnologia da informação (TI) chamada Hitachi Systems, Ltd. Uma equipe de projeto, que consistia em membros das duas empresas anteriores, foi estabelecida imediatamente. O objetivo primários deste grupo era modificar o conceito que eles haviam utilizado anteriormente em seu escritório principal, em Mita, no Japão – um *showroom* tradicional – e avançar em direção a um novo "espaço integrado", em Osaka. A nova configuração permitiria que clientes e colaboradores fizessem reuniões, seminários e outros eventos em um ambiente mais aberto e confortável.

Problema: A equipe precisaria implementar esse conceito até o verão de 2012. Se eles aplicassem o processo de desenvolvimento corretamente, aquilo se tornaria o símbolo de sucesso de um trabalho em equipe feito por membros de duas empresas diferentes. Os membros da equipe do projeto queriam acelerá-lo e, também, tornar o conceito mais óbvio: ter uma imagem clara da identidade do espaço e expressar como aquilo iria surpreender e impressionar as pessoas.

Intervenção LEGO SERIOUS PLAY: Um *workshop* de um dia para uma equipe de 12 a 15 pessoas, foi conduzido em Tóquio. Dois facilitadores dividiram a equipe em três grupos. Cada participante criava um modelo com a identidade para o espaço da sala, com o objetivo de transmitir o seu entendimento do significado de **impressionar** e **surpreender**. Depois, coletaram e contaram histórias sobre "a sala de integração do futuro", combinando os modelos definidos. Cada grupo fez uma apresentação do conceito do futuro espaço, identificando as principais propostas de valor que compunham o conceito completo.

(continua)

(continuação)

A Hitachi documentou todo o processo e seus resultados e os utilizou no *design* do atual espaço, nos meses seguintes.

Resultado: O novo espaço integrado foi inaugurado no verão de 2012 e o seu sucesso pode ser verificado no *feedback* do projeto. Como foi dito por um dos gerentes do projeto: "O *workshop* nos deu ideias e palavras-chave (que precisávamos) para desenvolver dois conceitos concretos, a fim de passarmos as nossas ideias para os *designers* contratados. Os membros da equipe do projeto, das duas empresas originais, também mostraram mais respeito uns pelos outros durante a sessão e (em tempos equivalentes) expressaram suas ideias. Apesar (do fato que nós) viemos de duas (empresas) diferentes, fomos capazes de nos comprometer com o resultado e implementar os conceitos gerais (recolhidos por nós) no *workshop*."

EXEMPLO DE CASO 4: TRANSIÇÃO DE PROPRIETÁRIOS EM UM ESCRITÓRIO DE ARQUITETURA

- Desenvolvimento organizacional
- Planejamento estratégico
- Múltiplos *stakeholders*
- Promovendo engajamento

Contexto: O fundador de um grande escritório norte-americano de arquitetura havia passado as rédeas para dois arquitetos sêniores, que foram preparados para liderar a firma.

Problema: Os novos líderes perceberam que uma mudança na demanda do mercado e o aumento da concorrência exigiam uma mudança radical na cultura da empresa. Os novos líderes imaginaram uma cultura de liderança compartilhada com foco no mercado.

Intervenção LEGO SERIOUS PLAY: Junto com os novos líderes, os facilitadores desenharam um *workshop* de um dia para desenterrar os esqueletos no armário – isto é, distinguir a firma atual das regras culturais que os fundadores implementaram. Eles também queriam auxiliar no desenvolvimento de nove líderes emergentes e começar a desenhar e implementar uma cultura de liderança compartilhada com foco no mercado.

Resultados: O *workshop* ajudou todos os participantes a se verem sob uma nova luz. Os dois contratantes foram capazes de avaliar os interesses e as motivações dos nove líderes emergentes, além de formarem novos laços e desempenharem um importante papel na construção do futuro da empresa. As aspirações coletivas levantadas durante o *workshop* tornaram-se base para firmar os futuros objetivos da empresa. Os colaboradores também formaram subcomitês para cada uma das quatro áreas em foco – *design*, tecnologia, *marketing* e finanças. Esses quatro subcomitês se transformaram em *designers* e advogados internos para a mudança, permitindo que os participantes do *workshop* se tornassem uma espécie de *stakeholders* da transformação que eles desenharam juntos.

EXEMPLO DE CASO 5: DESENVOLVIMENTO DE ESTRATÉGIA VAREJISTA NA INTERNET

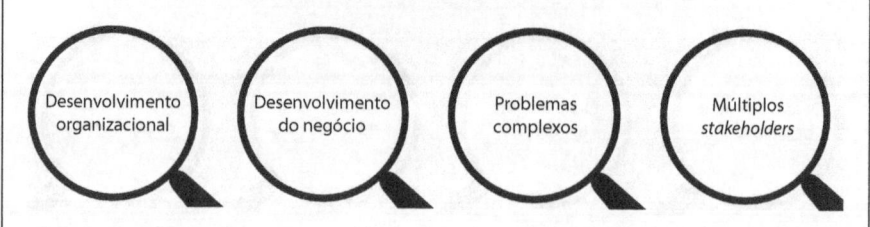

- Desenvolvimento organizacional
- Desenvolvimento do negócio
- Problemas complexos
- Múltiplos *stakeholders*

Contexto: Essa é uma empresa varejista da Internet, de caráter familiar e baseada na Europa, trabalhando em três países onde diversas marcas fortes operam. A empresa cresceu significativamente nos últimos dois anos, parte organicamente e parte por aquisições. Seus principais produtos de venda são refrigeradores, *freezers* e eletrônicos.

Problema: O quadro de funcionários, consistindo em sua maioria de colaboradores que não fazem parte da família, estabeleceu um objetivo simples, mas ao mesmo tempo exigente da companhia: em cinco anos, dobrar o seu topo e a sua base. Após receber esse direcionamento, o CEO/proprietário e o diretor de Operações decidiram entrar em contato com os facilitadores do LEGO SERIOUS PLAY.

Intervenção LEGO SERIOUS PLAY: O processo completo durou seis meses, em três *workshops* separados de dois dias, envolvendo os seguintes passos:

- Entrevistas foram conduzidas com colaboradores de diferentes níveis da organização.
- Um *workshop* inicial foi feito no país de origem da empresa, envolvendo participantes que eram membros do topo da gestão da empresa e gerentes locais de alto nível.
- O segundo e o terceiro *workshops* foram feito nas empresas filhas. Aqui, os participantes eram membros da administração corporativa e gerentes de país.
- Cada *workshop* seguiu o mesmo *design*: os participantes construíram modelo(s) que mostravam a situação atual da empresa, o cenário estratégico (clientes e outros *stakeholders* e as conexões entre eles), aspirações sobre o que a empresa poderia se tornar e quais as áreas deveriam ser focadas.

- Em seguida, eles classificaram essas áreas de foco. Em um ou dois dos *workshops*, os participantes também interpretaram alguns eventos no cenário (TA6).

- O diretor de Operações e o diretor de *Marketing* formaram uma força-tarefa utilizando os facilitadores como parceiros de treino, em que compilaram, compararam e classificaram as áreas de foco, que mais tarde foram quantificadas e analisadas. Eventualmente, eles decidiram focar em um subconjunto dessas áreas, elaboradas mais a frente.

- Finalmente, eles fizeram uma apresentação ao quadro de colaboradores. A força-tarefa e um dos facilitadores do LEGO SERIOUS PLAY apresentaram o processo e os resultados e que haviam decidido priorizar três áreas de foco.

RESULTADO: A estratégia está entrando no seu segundo ano e a companhia está acertando seus objetivos. Como um início para o segundo ano, um *workshop* de ideação de um dia (não de LEGO SERIOUS PLAY) foi conduzido a fim de chegar-se a atividades de curto prazo que poderiam apoiar as três áreas de foco.

EXEMPLO DE CASO 6: CENÁRIOS FUTUROS EM UM DEPARTAMENTO GOVERNAMENTAL

- Desenvolvimento organizacional
- Pensamento estratégico
- Problemas complexos

Contexto: O departamento, parte do Ministério de Assuntos Sociais de um país europeu, foi encarregado de trabalhar em uma área altamente polarizada, que frequentemente chamava a atenção do público em geral.

Problema: Devido às tarefas do departamento e aos desafios previsíveis de políticos eleitos por ambos os lados do Parlamento, o departamento queria criar um senso de plataforma e um conjunto de ações fortes. Eles procuravam um entendimento mais claro dos valores fundamentais e como poderiam ser mais adaptáveis e resilientes para o futuro.

Intervenção LEGO SERIOUS PLAY: O facilitador LEGO SERIOUS PLAY desenhou um *workshop* de dois dias baseado em um planejamento por cenários, como descrito por Kees van der Heijden e Adam Kahane (também mencionado no Capítulo 3, como um exemplo de jogo). O objetivo dos participantes era construir os valores fundamentais do departamento e imaginar o que ele poderia tornar-se. A partir daí, seguiram criando modelos de futuros extremos, mas possíveis. Parar prepará-los para essa criação, eles primeiro desenvolveram modelos de forças condutoras – definidas como forças fundamentais e tipicamente imprevisíveis, que moldam o mundo ao redor e impactam tendências observáveis, como, por exemplo, o grau de centralização – e, depois, as classificaram de acordo com impacto e previsibilidade.

Resultados: Imaginar e construir esses futuros extremos, mas possíveis, ajudou o departamento a desenvolver um conjunto de ações que criou um quadro de estratégias robustas. Isso, combinado à uma clara articulação da visão e dos objetivos principais do departamento, manteve o foco em entregar valor a grupos vulneráveis ou marginalizados. O departamento assegurou a sua própria sobrevivência e continua desenvolvendo um papel importante no bem-estar de grupos especiais.

EXEMPLO DE CASO 7: PROJETO INICIAL PARA UM CONSÓRCIO COM MÚLTIPLOS *STAKEHOLDERS*

- Desenvolvimento organizacional
- Problemas complexos
- Desafiando restrições
- Múltiplos *stakeholders*

Contexto: ICEMAR, um projeto desenvolvido para monitorar o movimento de gelo nas águas do Ártico, fornece informações sobre o gelo no mar diretamente para navios operando em águas congeladas, buscando garantir a sustentabilidade do serviço a longo prazo.

Um consórcio de parceiros de seis países diferentes, composto por companhias privadas e prestadoras de serviços públicos liderados pela Kongsberg Satellite Services (KSAT), uma companhia norueguesa de serviços de satélite e líder mundial em monitoramento marítimo e sistemas de vigilância, foi encarregada de desenvolver a ICEMAR como uma solução integrada para aumentar a disponibilidade de dados sobre gelo para navios próximos ou em águas infestadas de gelo no Ártico europeu e no mar Báltico.

Problema: A primeira fase desse projeto – consolidado pela União Europeia e com um período de desenvolvimento muito curto – foi para desenvolver e demonstrar um sistema piloto de distribuição de informação sobre mares gelados. Os membros do consórcio vieram de diferentes países, provenientes de empresas privadas e públicas. Eles representavam centros meteorológicos, desenvolvedores de *software*, provedores de imagens de satélite e telecomunicações, entre outros.

A KSAT montou uma equipe de projeto de 15 pessoas representando todos os membros do consórcio para liderar o desenvolvimento. Eles enfrentaram diversos desafios: poucos membros se conheciam, era possível contar em uma mão aqueles que realmente sabiam do que o projeto se tratava, era uma tarefa de complexidade sem precedentes, os interesses comerciais variavam entre os membros do consórcio e havia uma necessidade urgente de seguir com os trabalhos para cumprir os prazos de financiamento.

(continua)

(continuação)

Intervenção LEGO SERIOUS PLAY: Os trabalhos começaram com um *workshop* de dois dias, em que um dia e meio foi dedicado ao LEGO SERIOUS PLAY. Os objetivos do *workshop* eram construir um entendimento compartilhado da natureza do conteúdo da ICEMAR, identificar e priorizar os problemas dos quais a equipe precisava se encarregar na primeira fase e criar um espírito positivo para o desenvolvimento do que estava por vir.

Resultados: Ao final de um dia e meio, a equipe conseguiu realizar as seguintes etapas:

- Definir e especificar o conteúdo do projeto ICEMAR e criar uma visão compartilhada que iria servir de guia daquele dia em diante, até a conclusão do projeto.
- Identificar o escopo de problemas técnicos e processar desafios com os quais a equipe teria que lidar a curto e longo prazo, incluindo priorização.
- Passar de um grupo de indivíduos com diferentes níveis de interesse no projeto para uma equipe dedicada e motivada de especialistas trabalhando em prol de um objetivo em comum.

Até esse ponto, o projeto foi completado com êxito, e os resultados encontrados vão ao encontro dos levantados no *workshop*.

EXEMPLO DE CASO 8:
DESENVOLVIMENTO ESTRATÉGICO DE PARCEIROS

- Desenvolvimento organizacional
- Múltiplos *stakeholders*
- Planejamento estratégico
- Desafiando restrições

Contexto: A FIRST é uma organização internacional sem fins lucrativos, baseada em Manchester, New Hampshire, com a missão de inspirar os jovens a se tornarem líderes científicos e tecnológicos, engajando-os em excitantes programas de mentores-base que constroem habilidades em ciência, engenharia e tecnologia. Eles também inspiram a inovação e fomentam a boa formação de capacidades de vida, incluindo a autoconfiança, a comunicação e a liderança.

Um dos programas inspira jovens estudantes de 9 a 16 anos (9 a 14 anos nos EUA/Canadá e México) a resolverem desafios de engenharia do mundo real, construindo robôs para completar tarefas em jogos de uma determinada temática e concluírem a pesquisa de um projeto. As equipes, guiadas pelas suas imaginações e *coaches* adultos do mundo todo, descobrem possibilidades excitantes de carreiras e, ao longo do processo, aprendem a contribuir positivamente para a sociedade.

Um dos principais parceiros deste programa é a **fábrica de robôs**, já que a disponibilidade de modelos educacionais nas salas de aula é uma necessidade para os eventos do programa, que por sua vez é essencial para atrair uma empresa patrocinadora para financiar as atividades.

Problema: Devido ao alto número de participantes do mundo todos interessados nos programas oferecidos pela estratégia de distribuição da FIRST, a empresa tornou-se o seu próprio gargalo para o seu crescimento adicional, a partir de 2008. Começou com um escopo limitado, já que era mais fácil manter a qualidade com equipes pequenas, responsáveis tanto pelo aspectos de *design* como de entrega. Naquele tempo, a configuração era local e, portanto,

(continua)

(continuação)

não demandava um alcance global, que no caso era o objetivo da empresa parceira. Isso resultou em uma discussão estratégica geral sobre aspirações de longo prazo para a identidade, propósito, implementação e escalonamento do programa. A equipe de liderança precisava revisitar suas intenções originais, definir direções futuras e comprometer todo mundo nesta jornada.

Intervenção LEGO SERIOUS PLAY: Um *workshop* de um dia com participantes da FIRST e seus parceiros foi desenhado para atingir os seguintes objetivos:

1. Fazer um *check-up* nos programas de parceria. Está tudo bem, ou é muito difícil, muito rápido – ou alguma outra coisa? Adicionalmente, determinar se é hora de ir ao médico para que ele prescreva alguns remédios.
2. Identificar a essência de um programa, independentemente do lugar no mundo em que será oferecido.
3. Desenvolver uma visão clara das expectativas compartilhadas para os próximos três a quatro anos.
4. Identificar os passos para implementar os resultados do *workshop*.

Resultados: O *workshop* cumpriu totalmente o conjunto de metas – e pela primeira vez, ambas as partes da parceria entenderam completamente e apreciaram as posições de cada um. Descobriu-se que as aspirações para o futuro eram muito maiores e que mudar para uma distribuição de estratégia mais escalável era algo muito mais alinhado do que qualquer pessoa imaginou. Como resultado, o *workshop* revitalizou a parceria e tornou-se o começo de uma nova era – em que o programa cresceu de um alcance local para global.

EXEMPLO DE CASO 9: CONSTRUINDO UMA EQUIPE DE LÍDERES TRANSFORMADORA EM UM CENTRO DE SERVIÇO GLOBAL

Desenvolvimento de equipe

Contexto: O cliente era uma empresa de transporte e comunicação global, com três centros de serviços que apoiavam toda a organização. O centro da Cidade do México completava três anos quando fizemos nossa primeira reunião com eles, e havia crescido de 100 para 3.000 colaboradores naquela época.

Problema: O centro estava mudando de um atendimento personalizado para soluções mais padronizadas. A direção havia percebido, nas palavras do principal gerente do centro: "O que nos levou a crescer não vai mais nos manter crescendo. Agora nós trabalhamos em escala. Nós precisamos agregar valor à nossa organização, e isso precisa vir de uma transformação – uma industrialização dos nossos serviços."

A finalidade era construir uma equipe de liderança que poderia criar e realizar transformações.

Intervenção LEGO SERIOUS PLAY: Um *workshop* de um dia foi feito com a equipe de liderança, que contava com um total de 13 pessoas de diversos *backgrounds* e diferentes países da América Latina. Os participantes começaram construindo modelos deles mesmos, explorando o seus valores, forças de liderança e competências. A partir daí, eles seguiram para explorar o que caracterizava o time como um todo, os obstáculos para a transformação e uma visão do que eles poderiam se tornar. O fechamento do *workshop* foi com uma reflexão na qual eles voltaram atrás a partir da visão da situação atual e identificaram iniciativas nesse processo.

Resultado: O time desenvolveu uma visão de equipe, que incluía uma definição de boa liderança. Ao definir obstáculos para a transformação (por exemplo, falta de recursos e colaboradores devotados à posição atual) e ao identificar como cada um poderia contribuir para acelerar essa transformação, eles usaram essas ideias para iniciar um processo robusto de transformação.

EXEMPLO DE CASO 10: EQUIPE GLOBAL DE *MARKETING* EM UMA COMPANHIA DE MINERAÇÃO

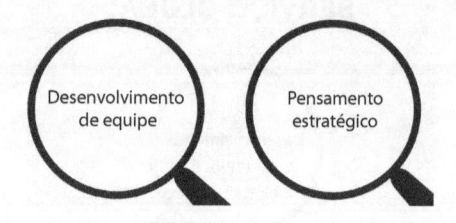

- Desenvolvimento de equipe
- Pensamento estratégico

Contexto: A Eurasian Natural Resources Corporation (ENRC) integra operações de mineração, processamento, energia, logística e *marketing*. Foi originada como parte do processo de privatização no Cazaquistão, em 1994, e sua forma atual foi estabelecida em 2006, com sede em Londres. A sua equipe de *marketing* global em ligas de ferro está baseada em Zurique, com membros distribuídos em diversas regiões da Europa e da Ásia. Como a ENRC tem clientes em todas as partes do mundo, ela sentiu as implicações da recente crise global. O ano de 2012 foi especialmente desafiador, de acordo com Alex Tattersall, então diretor de *marketing* de ligas de ferro da ENRC. Ele precisava alinhar a sua equipe para os objetivos em comum de 2013. Eles já haviam desenvolvido a estratégia da empresa e o que precisavam dos colaboradores era foco e alinhamento.

Problema: Tattersall, que hoje já não faz parte da ENRC, queria começar 2013 de forma nova e positiva, unindo a sua equipe e desenvolvendo tarefas em um ambiente de diálogo aberto. Ele procurava um processo que pudesse levar sua equipe a desempenhar negócios de uma nova forma. Portanto, ele atribuiu a dois facilitadores LEGO SERIOUS PLAY um dia de *workshop*. Como Tattersall explicou: "Temos uma equipe central de vendas, assim como funções de suporte como unidades de recursos humanos, tecnologia da informação e controle de conformidade e qualidade. Eu quero criar um alinhamento para a equipe – para nos fazer pensar da mesma forma, para sermos melhor em termos de clareza de estratégia, comunicação com produtores de plantas e liderança."

Intervenção LEGO SERIOUS PLAY: Foi desenvolvido um *workshop* de um dia para uma equipe de 15 pessoas. O *workshop* aconteceu em ambiente externo, em uma bela locação na

Suíça, em que todos chegaram uma noite antes. A equipe foi dividida em dois grupos, cada uma com o seu próprio facilitador. Cada grupo desenvolveu a sua percepção de visão de equipe, especificando que tipo de equipe seria preciso para tornar real os objetivos que a estratégia corporativa havia estabelecido. Os dois grupos compartilharam suas percepções e concordaram em seguir os passos seguintes. Durante esse processo, eles também construíram modelos sobre o que eles viam como obstáculos para executar a estratégia.

Resultado: Durante o *workshop*, ficou claro para Alex Tattersall e toda a sua equipe que havia falta de clareza. A diversidade de operações da ENRC havia limitado a comunicação com a equipe de vendas. O *workshop* serviu para unir todos fisicamente – e, a partir daí, eles chegaram a uma consciência comum dos pontos que mais demandavam melhorias. Ao final do dia, eles haviam desenvolvido uma visão compartilhada de como a equipe deveria ser ao final de 2013 – e assim, que tipo de equipe era preciso para executar as estratégias da companhia.

"Tornar tudo concreto nos modelos de blocos LEGO criou uma atmosfera relaxante e fez com que 'todos os narizes apontassem na mesma direção'", explicou Alex. "Posso dizer, honestamente, que nesse caso o próprio *workshop* foi o benefício – nem mais, nem menos." Ele conclui: "A gente se divertiu muito enquanto fazia algo sério."

EXEMPLO DE CASO 11: MELHORANDO A COMUNICAÇÃO EM UMA EQUIPE VIRTUAL

- Desenvolvimento de equipe
- Desafiando restrições
- Problemas complexos

Contexto: Uma empresa global de tecnologia da comunicação de médio porte havia organizado o seu processo de logística reversa em torno de três centros remotos, todos localizados na América do Norte.

A equipe dispersa – que se encontrava apenas duas vezes ao ano e trabalhava em zonas de horários diferentes – era responsável pela coordenação da logística em níveis nacionais.

Problema: Para serem efetivos, os membros da equipe precisavam desenvolver um entendimento profundo dos fatores críticos de sucesso de cada um, compreendendo como os papéis individuais e suas responsabilidades impactavam os objetivos da equipe, funcionando como um time integrado. A dependência da comunicação virtual também complicava a interação do grupo.

Intervenção LEGO SERIOUS PLAY: O líder decidiu reunir o time em uma locação central e trabalhou com um facilitador LEGO SERIOUS PLAY para desenhar um *workshop* para melhorar a comunicação e a produtividade do grupo. O *workshop* esclareceu as responsabilidades, funções e limitações de cada membro da equipe e a interdependência existente entre eles. Também foram construídos modelos individuais de forças especiais e identidade da equipe. Usando o cenário, eles criaram uma representação do sistema complexo do qual faziam parte, recriaram situações de quebra da equipe e usaram o novo conhecimento para interpretar respostas alternativas. Esses cenários os ajudaram a entender como eles poderiam evitar mal entendidos e má comunicação no futuro.

Resultado: O *workshop* teve um importante impacto na moral e na produtividade da equipe. Nas palavras do líder: "Nós continuamos a conversar sobre os cenários do negócio após o *workshop*.

> Minha equipe quer discutir um diferente cenário a cada reunião de time, e pretendem se encontrar pessoalmente uma vez, a cada quatro meses. Essa reunião de equipe será muito mais sobre como podemos nos ajudar. O jantar daquela noite foi completamente diferente do da noite anterior. (Era como) tivéssemos nos tornado uma verdadeira equipe de um dia para outro."

EXEMPLO DE CASO 12: *WORKSHOP* DE EQUIPE EM UMA EMBAIXADA

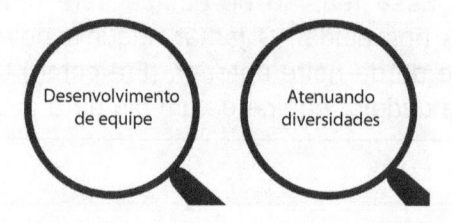

Desenvolvimento de equipe

Atenuando diversidades

Contexto: A embaixada, localizada em uma país da América Latina, é composta por uma equipe de colaboradores locais e expatriados, sendo que alguns haviam sido contratados recentemente. O embaixador dirige a embaixada, e o chefe de missão adjunto é o segundo no comando. A embaixada representa um país europeu.

Problema: Uma delegação VIP, incluindo líderes de negócios e dignitários, faria uma visita oficial ao país. Nessas situações, esse é o momento da embaixada brilhar. Entretanto, eles também solicitaram um plano detalhado e exigente. A natureza intensa dos visitantes demandava uma execução plena: tudo precisaria funcionar de forma suave. As diferenças culturais e as experiências variadas também se adicionavam ao desafio.

A embaixada queria se preparar para o imprevisível, a fim de tomar melhores decisões caso alguma coisa diferente acontecesse.

Intervenção LEGO SERIOUS PLAY: Foi conduzido um *workshop* de um dia com a equipe completa – 16 pessoas. O time foi dividido em dois grupos que refletiam os subgrupos em que os colaboradores trabalhariam dia a dia. Cada um tinha o seu próprio facilitador, um era local e o outro de um país europeu.

Resultado: O grupo desenvolveu um conjunto de Princípios Guias Simples (PGS, TA7) que iria auxiliá-los na tomada de boas decisões, quando o imprevisível acontecesse. Esses princípios ajudariam os colaboradores a agirem imediatamente e os manteriam alinhados e, em caso de algum evento ou interação imprevista eles saberiam o que fazer. As equipes também articularam qual tipo de grupo cultural eles gostariam de liderar até a visita VIP e durante a mesma. A fim de desenvolver os princípios guias simples (PGS) e também por prevenção, eles simularam e interpretaram diversos eventos que poderiam acontecer durante a visita.

EXEMPLO DE CASO 13: TORNANDO-SE A MELHOR EQUIPE DE LÍDERES POSSÍVEL EM UMA CASA DE REPOUSO

Desenvolvimento de equipe

Contexto: Duas casas de repouso em uma mesma cidade se fundiram, criando uma nova instalação. O novo gerente já havia liderado uma das casas e tinha acabado de formar a sua nova equipe de líderes. As duas casas eram geridas pelo governo local, a fusão era uma tentativa de conquistar uma melhor economia, por meio de uma economia de escala.

Problema: A intenção era bem simples: não apenas formar uma equipe de líderes, mas criar a **melhor** equipe de liderança **possível**. O novo líder queria erradicar qualquer pensamento do tipo **"nós contra eles"**, presente entre os membros das equipes das duas antigas casas de repouso.

Intervenção LEGO SERIOUS PLAY: Os facilitadores LEGO SERIOUS PLAY desenharam um longo *workshop* de um dia, em que os participantes construíram modelos deles mesmos, incluindo elementos que representavam suas crenças e o que viam como suas competências. Isso foi seguido pela construção de modelos do tipo de cultura de tomada de decisão, que os fariam integrar a melhor equipe de líderes possível. Depois, testaram esses elementos culturais com a TA6, em que interpretavam diversos cenários que poderiam ocorrer.

Resultado: Os participantes saíram da sessão como **uma** equipe, com um entendimento muito mais profundo de cada um e um acordo sobre como trabalhar juntos. Assim, permitiram que a nova casa de repouso começasse com uma vantagem imediata.

EXEMPLO DE CASO 14: DESENVOLVIMENTO DA CAPACIDADE DE PENSAMENTO ESTRATÉGICO

(Desenvolvimento pessoal) (Quebrando pensamentos convencionais) (Pensamento estratégico)

Contexto: A divisão de aprendizado e desenvolvimento de uma empresa de consultoria global resolveu criar um programa de desenvolvimento de liderança, auxiliando os participantes a entenderem quais qualidades precisavam dominar para atingirem um objetivo proposto. A meta era mudar de uma gestão ponta a ponta para um estilo de liderança baseado em **empoderar, delegar** e **pensar estrategicamente**.

Problema: Os objetivos do programa eram:

1. Aprimorar a habilidade de pensamento, a comunicação e a ação estratégica dos participantes em um projeto que demandasse papel de liderança (por exemplo, desenvolver habilidades que os auxiliassem a decidir aonde olhar, no que focar e como agir, enquanto as ações diárias eram executadas pela equipe).

2. Fomentar a capacidade de inovação dos participantes, inspirando-os e oferecendo ferramentas que desafiassem os modelos atuais de pensamento, evitando assumir que aquilo que funcionou no passado também é o melhor para o futuro.

3. Aumentar a habilidade de consulta dos participantes, reforçando a sua facilitação, cocriação e habilidades de consultoria, auxiliando clientes internos a descobrirem conhecimentos profundos e novos valores, em vez de apenas prover soluções e tomar medidas para esses clientes.

Intervenção LEGO SERIOUS PLAY: Os participantes trabalharam durante um dia e meio com o LEGO SERIOUS PLAY para atingir esses objetivos. Durante o processo, eles identificaram aquilo que consideravam como principais características para uma liderança estratégica. Também mapearam o cenário em que planejaram exercitar essa liderança em um futuro imaginário. Baseados nessa definição e no cenário, eles interpretaram diversas situações que os ajudaram a aprimorar suas capacidades de pensamento estratégico e deram um salto mental de gerir para liderar. Finalmente, por meio de cada modelo individual, coletaram as ideias-chave do *workshop* e extraíram um conjunto de Princípios Guias Simples (PGS), que irá guiar o desenvolvimento contínuo após a conclusão do treinamento. Aqui estão alguns exemplos dos PGS do grupo:

PGS – Saia do seu próprio caminho.

PGS – Conduza a conversa; não apenas responda.

PGS – Desacelere e respire.

Resultado: Os participantes do programa ficaram melhor preparados para assumirem papeis mais sêniores na organização, em função da habilidade de liderar estrategicamente com suas equipes, clientes e projetos. Depois da primeira aula com 15 participantes, 10 foram promovidos nos seis meses seguintes. Recentemente, a companhia completou o programa pela segunda vez.

EXEMPLO DE CASO 15: PLANO DE DESENVOLVIMENTO PESSOAL DE CARREIRA

- Desenvolvimento pessoal
- Quebrando o pensamento convencional
- Planejamento estratégico

Contexto: A Hakuhodo, Inc. é uma empresa líder de consultoria em propaganda e *marketing* no Japão. Desde 2007 ela utiliza o LEGO SERIOUS PLAY para aprimorar cooperações com o cliente.

Problema: Na maioria das empresas japonesas, a promoção dos colaboradores está relacionada com a *performance* no trabalho e a senioridade. Sob essas circunstâncias, eles tendem a basear o desenvolvimento de suas carreiras nos planos e políticas da empresa. A Hakuhodo queria criar um novo programa de desenvolvimento de carreira, em que os colaboradores planejassem o seu futuro e tomassem a iniciativa para selecionar os seus próprios objetivos de carreira.

Em 2010, os facilitadores LEGO SERIOUS PLAY trabalharam em conjunto com os membros da Universidade Hakuhodo para desenvolver um programa de desenvolvimento de carreira único, em que o LEGO SERIOUS PLAY iria desempenhar um importante papel. O programa focou em gerentes de nível médio de empresas Japonesas, em sua maioria clientes da Hakuhodo. A empresa abriu o programa para os seus próprios colaboradores e auxiliou os gerentes de nível médio que precisavam escolher um caminho na carreira, para se tornarem profissionais com especialidades particulares ou gerentes sêniores com uma equipe própria. O programa buscou estimular a motivação própria dos participantes, encorajar os colaboradores a considerarem seus objetivos de longo prazo e missões para o desenvolvimento de suas próprias carreiras. Visou também guiar as decisões dos participantes sobre quais eram os passos mais adequados para cumprir os seus objetivos de carreira na empresa.

Intervenção LEGO SERIOUS PLAY: A Universidade Hakuhodo e os facilitadores LEGO SERIOUS PLAY foram submetidos a uma série de ensaios piloto para completar o *design* do programa.

Todo o programa de desenvolvimento de carreira levou dois dias e meio, em que o *workshop* LEGO SERIOUS PLAY ocupou um dia e um quarto. A parte do LEGO SERIOUS PLAY consistiu de quatro temas:

1. Revisar o passado dos participantes.
2. Imaginar o futuro deles.
3. Criar aceleradores para alavancá-los para o futuro.
4. Descobrir obstáculos que poderiam impedir os participantes de alcançar esse futuro.

Isso foi conduzido por um facilitador externo e um interno.

Resultado: A Hakuhodo tem utilizado o programa, chamado CreateMe, internamente e com clientes externos desde de 2011, e tem desfrutado de grande sucesso. O nome reflete a ideia de que cada colaborador, não a empresa, é responsável por sua carreira. O programa também oferece mais opções de carreiras aos participantes e dá aos clientes a oportunidade de discutir abertamente as opções logo nos primeiros dias de trabalho dos participantes.

EXEMPLO DE CASO 16: DESENVOLVIMENTO DE TALENTOS EM UMA COMPANHIA FARMACÊUTICA DE MÉDIO PORTE

- Desenvolvimento pessoal
- Desenvolvimento estratégico
- Desbloqueando novos conhecimentos

Contexto: Assim como muitas empresas farmacêuticas, essa companhia europeia de médio porte tinha experimentado mudanças de mercado nos últimos anos. Suas patentes estavam expirando e os líderes da empresa estavam sofrendo uma grande pressão devido aos produtos genéricos ou de baixo custo. Uma parte da resposta foi aumentar o foco no desenvolvimento de talentos, então eles iniciaram uma busca por gerentes de nível médio e novos talentos como uma das iniciativas de 2010.

Problema: A companhia queria criar um processo inovador, que encorajasse seus colaboradores a aprenderem de uma maneira diferente dos métodos convencionais de ensino. Para essa tarefa, eles selecionaram um grupo experiente de facilitadores e o método LEGO SERIOUS PLAY. O *workshop* faria parte de um processo longo e seria o principal componente do módulo relacionado ao aprendizado para o desenvolvimento de estratégia.

Intervenção LEGO SERIOUS PLAY: Um caso foi desenvolvido com a colaboração de um cliente da companhia que passou por um problema semelhante, mas suficientemente diferente. Os participantes receberam esse caso como uma preparação e depois, o interpretaram como se fizessem parte da equipe de gerenciamento. Em seguida, passaram por uma sessão LEGO SERIOUS PLAY, que os auxiliou no desenvolvimento de novas estratégias e planos de ação.

Os participantes construíram uma situação referente a **"hoje"** – isto é, uma representação do estado atual da empresa apresentada no caso. Após isso, criaram um novo modelo – uma visão – que mostrava o que a empresa do caso poderia se tornar. A partir daí, a equipe de gerenciamento transformou esses modelos individuais de visão em um modelo compartilhado e, eventualmente, um plano de ação foi criado e apresentado aos vice-presidentes executivos.

Resultado: O programa foi um sucesso, 15 dos 16 participantes receberam nota máxima na avaliação. Ele deixou de ser um programa da divisão de pesquisa e desenvolvimento para se tornar um programa da corporação.

De acordo com o gerente de liderança e desenvolvimento de talentos: "O que nós vimos foi que talentos que não precisam lidar com estratégia de negócios ou visão de futuro em sua rotina diária, foram capazes de trabalhar com dilemas extremamente específicos do caso com o método LEGO SERIOUS PLAY. Com isso, eles puderam experienciar como um grupo de executivos reais precisa fazer escolhas difíceis e complicadas ao estabelecer e executar uma estratégia.

Um participante descreveu a experiência como "Muito divertida. A melhor que já experimentei." Outro disse: "Foi fantástico, especialmente quando se tratava de algo tão intangível quanto o termo **visão**. Eu nunca havia analisado que não havia frustração devido à má comunicação em uma equipe. Nós temos as ferramentas para manter uma visão geral e uma linha comum na discussão." Outro também concordou: "Foi incrível porque todos foram ativos e dedicados a um resultado comum. Além disso, estou confiante que seremos capazes de nos lembrar de tudo o que fizemos por muitos e muitos anos. O método LEGO SERIOUS PLAY é o processo mais poderoso do qual eu já participei."

EXEMPLO DE CASO 17: REFOCAR PARA REINSERIR A FORÇA DE TRABALHO

- Desenvolvimento pessoal
- Criando engajamento
- Desafiando restrições
- Quebrando o pensamento convencional

Contexto: Um programa governamental destinado a colaboradores afastados por doenças causadas por fatores como estresse, ansiedade e depressão. Na maioria das vezes, essas condições foram causadas por elementos do ambiente de trabalho, que costumam ir além da influência ou do controle deles. A opção era que os colaboradores retornassem para a sua antiga posição ou encontrassem um novo posto de trabalho. Caso contrário, eles poderiam perder o seguro-desemprego, e como isso causaria impacto no bem-estar social, ninguém desejava isso.

Problema: Os colaboradores do programa eram bem diversificados, devido às diferenças de *background*, educação, profissão e motivação. O desafio era fazer com que esse grupo entendesse o seu potencial, apesar do sentimento de falha que sofreram no seu trabalho/carreira. O caminho para reconquistar essa motivação era redescobrir o potencial dos participantes, refocar, para depois seguir em frente.

Intervenção LEGO SERIOUS PLAY: Consistiu em uma série de *workshops* de uma a duas horas. Os *workshops* eram uma mistura de autodescobrimento e novas maneiras de pensamento que poderiam ajudar os participantes a construírem novas aspirações, tanto para a vida pessoal quanto para a profissional.

Resultado: Neste caso, o método transformou-se em uma poderosa técnica de pensamento, comunicação e resolução de problemas. Pela primeira vez durante a licença médica, os participantes foram capazes de colocar palavras em seus pensamentos e sentimentos de uma maneira segura para todos. E os blocos desempenharam o seu principal papel, o de "ajudar a construir algo na sua mente, depois de você ter construído no mundo." Neste grupo, a taxa de sucesso de pessoas que retomaram a força de trabalho foi incrivelmente alta e muitos participantes do programa atribuíram isso diretamente ao método.

EXEMPLO DE CASO 18: DEFININDO A VIDA BOA: ASSOCIAÇÃO DE DISTROFIA MUSCULAR

- Desenvolvimento pessoal
- Atenuando diversidades
- Desafiando restrições
- Destravando novos conhecimentos

Contexto: A distrofia muscular é um grupo de doenças que impacta os músculos e o sistema nervoso central. Ela não tem cura e vagarosamente incapacita o paciente. Uma associação com membros que sofrem de distrofia muscular ou se relacionam com alguém que sofre da doença foi criada no início dos anos 1970. O objetivo da associação é auxiliar portadores da doença e aqueles que cuidam deles, a viverem uma vida ativa e em uma sociedade igualitária. Ela também visa informar sobre a doença, criando um entendimento mais difundido.

Problema: A doença causa um impacto inegável em seus pacientes, familiares e parceiros. Então, como alguém pode definir uma "vida boa" nessa situação? O que isso significa – e como alguém pode ou **vive** com ela?

Intervenção LEGO SERIOUS PLAY: Em parceria com a equipe do centro de reabilitação, um *workshop* LEGO SERIOUS PLAY de um dia foi desenhado para os pacientes e seus cônjuges. Alguns também precisaram levar os seus cuidadores, entre os quais alguns foram bem ativos na parte da construção, já que muitos pacientes estavam bastante paralisados. O grupo foi dividido em dois: pacientes com pacientes e cônjuges com cônjuges. Isso foi crucial, pois raramente os cônjuges têm voz e a chance de compartilhar seus sentimentos, experiências e frustrações com outras pessoas que passam por uma situação similar. O dia terminou com cada um construindo a sua versão do que significava uma **"vida boa"**, e o que eles poderiam fazer – ou parar de fazer – a fim de vivê-la.

(continua)

> (continuação)
>
> **Resultado:** Um dia extremamente emocional terminou com muito mais clareza para a maioria, senão para todos, os participantes. Muitos que haviam descoberto a doença recentemente e passavam pela fase de negação também acharam a experiência desafiadora, porém libertadora. Participantes que já conviviam com a doença por um longo período de tempo tiveram a oportunidade, muito bem-vinda, de articular o que sentiam e encontrar um novo significado para a vida que eles podiam viver.

EQUÍVOCOS

Para muitos, entender o que é o LEGO SERIOUS PLAY e o que ele faz não é algo intuitivo. A marca LEGO e os blocos LEGO levam a associações e mal entendidos. Aqui, nós listamos os cinco equívocos mais comuns.

Equívoco 1 – É uma ferramenta apenas para a criatividade e a inovação

É uma suposição muito comum – quase um preconceito – que o LEGO SERIOUS PLAY é um método relacionado, principalmente, a criatividade e o desenvolvimento da inovação, ou ainda que ensina as pessoas como **serem** inovadoras. Isso simplesmente não é o caso. Enquanto o método é altamente útil para desafios inovadores, os usuários nesse campo estão entre a minoria. O escopo dos tópicos e desafios aos quais o métodos tem sido aplicado é bastante amplo e continua a expandir. Finalmente, como mostramos ao longo do livro, não é uma técnica de ensino.

Equívoco 2 – É apenas um exercício para consolidação de equipe

Geralmente, as pessoas que enxergam o LEGO SERIOUS PLAY como um exercício de consolidação de equipe confundem isso com outras técnicas com blocos LEGO. Eles esperam que o *workshop* seja um intervalo divertido ou, talvez, uma atividade física que vai iniciar uma sessão mais longa. Na verdade, há diversos exemplos de uso dos blocos LEGO para a consolidação de um equipe. Muitas delas são boas e oferecem risadas ou um ponto de aprendizagem sobre como equipes trabalham juntas. Entretanto, isso não é LEGO SERIOUS PLAY. Nós podemos comparar isso ao clássico exercício de se construir uma torre ou uma ponte usando espaguete.

Equívoco 3 – É um quebra-gelo ou uma pausa divertida (então não é para negócios sérios – e portanto não é para nós)

Esta é uma versão do equívoco anterior, mas com menos ênfase nos blocos e nenhuma expectativa sobre os resultados. No equívoco 2, ao menos havia uma expectativa que a equipe iria aprender sobre como trabalhar junta. Aqui, não há nenhuma expectativa que não seja só um pouquinho de relaxamento e diversão. Como ficará claro agora, o LEGO SERIOUS PLAY é quase o oposto. Ele é muito divertido e engaja o seu cérebro de forma lúdica para resolver um problema real.

Equívoco 4 – É apenas para pessoas criativas (então não é para mim)

Como foi mencionado anteriormente, os brilhantes e coloridos blocos LEGO são quase como uma faca de dois gumes. A sua natureza pura de brinquedo leva muitos a pensar que o método é apenas para classes criativas ou pessoas da indústria criativa. Mas isso está longe de ser verdade. Enquanto muitas pessoas que trabalham na chamada indústria criativa estão acostumadas a protótipos e usam objetos físicos para modelar como algo seria, LEGO SERIOUS PLAY é sobre usar objetos concretos para construir um novo conhecimento sobre o abstrato. O processo não é sobre construir modelos complicados ou artísticos. É sobre articular o conhecimento e explorar o que nós sabemos sobre uma determinada coisa. Como vimos no Capítulo 9, a imaginação não é algo reservado apenas a algumas pessoas especiais. Portanto, nenhuma classe, grupo ou contexto educacional se encaixa melhor ao método.

Equívoco 5 – A LEGO só quer expandir o seu mercado (então deve ser uma pegadinha e eu não vou cair nessa).

Nós já descrevemos como o desenvolvimento do LEGO SERIOUS PLAY não surgiu como resultado de nenhum grande plano, nem foi criado com uma jogada de *marketing* escondida na manga. Mesmo assim, muitos esperam que esse seja o caso. Então, depois, muitos procuram pela pegadinha ou se perguntam qual a credibilidade que a LEGO tem no mercado de consultoria. Não demora muito para que essas pessoas percebam que o LEGO SERIOUS PLAY não é uma jogada de *marketing* ou uma propaganda da LEGO. É uma abordagem séria que já ajudou milhares de empresas a melhorarem.

Agora seguiremos de como o método foi usado em diversas organizações e os equívocos existentes no mercado, para como ele foi usado dentro da LEGO – e os desafios associados a esse cliente em particular.

CAPÍTULO 12
LEGO® SERIOUS PLAY® em funcionamento na LEGO

Nesse capítulo olharemos como, onde e quando o LEGO SERIOUS PLAY tem sido usado na LEGO como uma ferramenta para construir uma empresa melhor. O pressuposto generalizado que encontramos foi que a LEGO deveria ser naturalmente um super usuário em todos os níveis – e que esse método poderia até ter tido um papel principal na incrível reviravolta da empresa. Seria bom se essa fosse a história real. Entretanto, não foi esse o caso. Dito isso, no entanto, a LEGO talvez tenha sido e ainda é um usuário razoavelmente frequente do LEGO SERIOUS PLAY, e talvez seja uma das empresas no mundo que tem usado e usa-o mais amplamente.

Nesse capítulo daremos vários exemplos de como a empresa tem usado a metodologia. Mas antes que o façamos, deixe-nos elaborar quatro razões por que a LEGO não tem sido um super usuário desde o princípio.

1ª) Durante os primeiros dias do LEGO SERIOUS PLAY, a LEGO estava passando por um período muito difícil e tinha seu primeiro CEO que não fazia parte da família fundadora. Esse CEO tinha uma abordagem à gestão e à estratégia política que era menos coerente com o LEGO SERIOUS PLAY do que a abordagem que Kjeld Kirk Kristiansen defende. Na verdade, usamos o método com o time executivo desse CEO alguns anos antes dele ser substituído pelo CEO atual. O *workshop* já havia apresentado uma imagem clara dos desafios que a companhia estava enfrentando, o que depois quase custou sua vida como uma empresa familiar independente.

2ª) O LEGO SERIOUS PLAY nunca foi parte dos negócios e competências principais da organização. Ele é uma ideia que foi concebida e desenvolvida fora das principais salas de negócios da LEGO. Quando um líder, gerente ou equipe quer utilizá-lo para o desenvolvimento organizacional ou da equipe, é um serviço externo que eles precisam pagar, como qualquer outro serviço externo. Esse pagamento também inclui pagamento pelos blocos. Para muitos usuários potenciais dentro da companhia LEGO, isso pode ser uma expansão mental, se não uma completa desqualificação.

3ª) O bloco de LEGO, como anteriormente mencionado, geralmente envia um sinal conflitivo: ele chega como um brinquedo e indica uma brincadeira de criança. De várias maneiras, esse sinal é ainda mais forte dentro da companhia LEGO. Aqui os empregadores sabem o que são os blocos, e geralmente eles até reconhecem um bloco em particular ou modelo como pertencente a uma ou outra linha de produtos ("Ah, isso é da caixa tal e tal, lançada em 20XX, para crianças de sete anos"). Para um funcionário da LEGO, que tem pouco conhecimento do LEGO SERIOUS PLAY, uma coleção aleatória de blocos usados metaforicamente parece muito menos impressionante do que um tradicional modelo de LEGO semelhante à vida real, tal como o apresentado na Figura 12.1, porém, geralmente é mais difícil criar. Uma grande parte das pessoas mais desafiadas em construir modelos metafóricos e abstratos (por exemplo, Figura 12.2) são construtores muito hábeis de modelos da LEGO.

4ª) Desde sua origem, o LEGO SERIOUS PLAY levou uma vida tumultuada e teve várias crises existenciais, como descritas anteriormente. É uma história que inclui diversos modelos de negócios, e por longos períodos de tempo como um negócio, ele tem sido mais ou menos dormente. Isso tornou mais difícil para potenciais usuários dentro da LEGO o conhecimento para saber,primeiro, se o LEGO SERIOUS PLAY, em um determinado momento, era uma opção a ser considerada, segundo, como segurar alguém que poderia entregar-lhes o serviço. Essa incerteza sobre o *status* do modelo de negócios e a falta de confiabilidade de entrega fizeram com que muitos desistissem da ideia antes mesmo de testá-la.

FIGURA 12.1 – Modelo de LEGO tradicional.

FIGURA 12.2 – Modelo de LEGO Metafórico.

Ele começou com um primeiro passo duvidoso, mas o uso do LEGO SERIOUS PLAY dentro da LEGO tem passado por um crescimento constante desde 2010. Este é o resultado de uma maior consciência interna, de um modelo de distribuição mais confiável, que é facilmente acessível a todos, do treinamento de uma equipe de facilitadores internos, e de um comprometimento de longo prazo da LEGO em preservar e apoiar o conceito LEGO SERIOUS PLAY.

EXEMPLOS DE USO DENTRO DA COMPANHIA LEGO

Na Tabela 12.1 juntamos vários exemplos de como o método tem sido usado dentro da LEGO, incluindo *workshops* projetados e ofertados por um período de mais de 10 anos, alguns por funcionários internos da LEGO, treinados no método, e alguns por facilitadores externos.

TABELA 12.1 – LEGO SERIOUS PLAY em funcionamento na LEGO

Liderança	Rede de abastecimento e suprimento	Desenvolvimento de produtos e serviços	Vendas e *marketing*	Apoio técnico e pessoal
Estratégia: Workshop de desenvolvimento estratégico por dois dias. **Valores em liderança:** Workshop de exploração de valores pessoais de um dia. A meta era que os membros das equipes de liderança compartilhassem suas experiências pessoais mais importantes e como elas influenciaram seus comportamentos de longo prazo. A conclusão foi que cada membro se comprometesse a um conjunto de comportamentos pessoais como resultado do *insight* adquirido no *workshop*.	**Visão e missão:** Workshop de um dia para a equipe de direção de serviços identificando visão, identidade principal, e em particular o valor que eles deveriam entregar para toda a organização. **Cultura:** Workshop de meio período sobre como criar o melhor departamento cultural possível. **Equipe de desenvolvimento:** Workshop de um dia para aumentar o desejo da equipe e habilidade para trabalhar como uma equipe, apesar de barreiras organizacionais, geográficas e culturais.	**Missão do departamento:** Workshop de um dia com todos os funcionários do departamento. O foco era desenvolver um entendimento compartilhado da missão do departamento, o valor-chave que ele deveria entregar, e quais seriam os *stakeholders* mais importantes. **Equipe de desenvolvimento virtual:** Workshop para a equipe responsável pelo relacionamento direto com as experiências do consumidor. Membros da equipe estavam alocados em parte na sede e em parte nos nos maiores mercados. A meta do *workshop* era aumentar (quase a partir do zero) o conhecimento individual dos membros da equipe sobre as responsabilidades, competências, valores e pontos fortes de cada um, a fim de aumentar a colaboração geral da equipe e inteligência coletiva.	**Estratégia da equipe de venda regional:** Workshop estratégico de um dia focando no desenvolvimento de visão e missão e na identificação dos desafios chave e ações pessoais para o time responsável pelas vendas na América Latina. **Plano de ação pessoal e cultural:** Workshop de um dia para entender o modo atual de se fazer negócios construindo o "bom, ruim e feio" dos dias atuais, e com isso entender como construir e se comprometer com a aspiração para o futuro da cultura operacional da divisão. O último passo neste *workshop* era para cada pessoa desenvolver seu plano de ação pessoal para sua aspiração.	**Iniciativas pessoais e visuais:** Workshop de dois dias com as principais 40 pessoas na comunidade financeira da LEGO. A entrega era uma visão clara para o financeiro e um conjunto de iniciativas pessoais para isso se tornar real. **Equipe de desenvolvimento:** Workshop de um dia de desenvolvimento de equipe com especialistas em técnicas enxutas para um melhor entendimento de quem está na time, e desenvolver uma cultura e comportamento que ajudariam a equipe a atingir suas visões. Foi importante para Desenvolver uma cultura única de equipe, no entanto, uma que fosse completamente alinhada com a cultura da corporação. Ele terminou com as pessoas considerando quais mudanças pessoais teriam que fazer a fim de viver uma nova cultura.

TABELA 12.1 – LEGO SERIOUS PLAY em funcionamento na LEGO

Liderança	Rede de abastecimento e suprimento	Desenvolvimento de produtos e serviços	Vendas e *marketing*	Apoio técnico e pessoal
Empowerment: Um *workshop* para explorar o desafio de liderança associado à necessidade de mudança de foco da operacionalidade à estratégia e como delegar mais (isto é, empoderar as pessoas). Através do *workshop*, líderes dos níveis 1 e 2 foram capazes de trazer à tona os constrangimentos físicos e mentais que restringiam as pessoas com relação à mudança de foco e delegação. **Confiança e respeito:** *Workshop* de dois dias com propósito principal de construir mais confiança e respeito, e reduzir as frustrações por meio do entendimento das responsabilidades e prioridades uns dos outros.	**Saúde e segurança:** Uma série de *workshops* em vários locais sobre segurança, saúde, e bem estar (SHW[1]). O propósito dos *workshops* era envolver funcionários do andar térreo em estabelecer metas concretas e iniciativas para SHW[12] e deste construir mais interesse, e assim aumentar o nível de sucesso em atingir as metas. **Eficiência operacional:** *Workshop* de meio período para uma equipe interfuncional com responsabilidades de planejamento e produção a longo prazo. A equipe queria chegar a um entendimento comum do principal propósito para o trabalho em equipe: se tornar mais eficiente em seu trabalho. O *workshop* permitiu-lhes construir entendimento compartilhado da missão essencial que estavam cumprindo com seu trabalho.	**Desenvolvimento de conceito e estratégia:** *Workshop* de um dia para um grupo responsável por serviço ao consumidor que precisava alinhar suas ideias, esforços e comprometimento para uma estratégia compartilhada em conteúdo e processo. O *workshop* incluiu uma definição de ambição para seis meses, testando a construção de cenários "e se", construindo espírito de equipe, e comprometimento para assumir responsabilidade para ações concretas.	**Identidade, aspiração e prioridades estratégicas:** *Workshop* de dois dias, envolvendo o departamento inteiro no primeiro (35 pessoas) e no segundo dia apenas a equipe de liderança. O 1º dia definiu e construiu comprometimento com uma identidade central compartilhada e com uma aspiração para os próximos anos. No 2º dia, para a equipe de liderança, com base nos resultados do 1º dia, seguiu-se adiante e explorou-se as maiores consequências estratégicas, a fim de finalmente determinar as prioridades para os anos 1 e 2.	**Programa de integração:** Programas de integração de novos funcionários por dois dias. Realizados várias vezes todos os anos. O LEGO SERIOUS PLAY faz parte do programa. Os novos funcionários utilizam-no para falarem sobre eles, suas paixões, valores e competências, e para expressarem suas percepções sobre os valores da marca LEGO. **Explorando o futuro:** *workshop* de meio período para 250 funcionários do departamento e do centro de serviços em tecnologia e informação (TI). O propósito era construir 10 cenários e imaginar como um mundo maior (o mundo consumidor e o mundo LEGO) iriam impactar TI e como TI poderia se preparar para lidar com essas mudanças. **Departamento de estratégia:** *Workshop* de dois dias desenvolvendo a estratégia e visão do departamento de TI.

---

1 – SHW é a sigla para *safety health and wellbeing* traduzido como segurança, saúde e bem estar.

A Tabela 12.1 mostra como LEGO SERIOUS PLAY pode ser usado amplamente dentro de uma empresa em muitos níveis diferentes e para grupos de vários tamanhos.

LEGO SERIOUS PLAY foi desenvolvido para ajudar a LEGO a construir um negócio melhor. Nesse capítulo refletimos por que utilizá-lo nessa companhia trouxe problemas particulares, mesmo assim amadureceu o uso amplo do método. No capítulo anterior focamos em como ele foi usado para propósitos de negócios em uma variedade de organizações no mundo todo. No próximo capítulo veremos como o método tem sido utilizado para algo mais, ou diferente, do que construir negócios melhores ou melhores organizações.

CAPÍTULO 13
LEGO® SERIOUS PLAY® em ação fora dos negócios

Muito do que falamos neste livro, até o momento, tem a ver com o uso do LEGO SERIOUS PLAY nos negócios. Por mais que esse propósito tenha guiado grande parte do desenvolvimento do método, isso não significa que o uso do LEGO SERIOUS PLAY é restrito a essa área. Afinal, não há nada no método que exclua pessoas de outras áreas e de outros contextos de aplicação. Na verdade, ele é relevante e aplicável em **qualquer** situação em que líderes querem que pessoas se engajem, desbloqueiem novos conhecimentos e quebrem o pensamento convencional.

Outras aplicações incluem:

- Educação infantil, ensino fundamental e médio.
- Graduação e pós graduação, incluindo escolas de negócios.
- Como uma técnica de entrevista qualitativa em pesquisas.
- *Focus group* e pesquisas de observação.
- Terapia de grupo para famílias.
- Vida familiar e construção de uma equipe familiar.
- *Coaching* de vida para indivíduos e grupos.
- Acampamento de verão para crianças.
- Planejamento de aposentadoria para seniores.
- Como uma técnica de entrevista para jornalistas.

Todas as aplicações compartilham a mesma motivação para a utilização do LEGO SERIOUS PLAY: mergulhar na habilidade única do método em combinar diversas características chave em uma abordagem prática:

- Todo mundo pode dominar o processo de construir algo com os blocos LEGO.
- Coloca todos no mesmo nível de jogo – quietos e dominadores, o proficiente na língua e o que ainda não é.
- Mantém todos envolvidos continuamente. Não é possível para ninguém não se envolver no que está acontecendo (por exemplo, se desligar no seu próprio mundo).

- Como os participantes sempre elaboram suas respostas antes que alguém comece a falar, isso os encoraja a revelar ideias autênticas e dificulta a influência de opiniões e perspectivas individuais sobre o assunto explorado.
- Prioriza a facilitação do autoaprendizado em vez de ensinamentos e instruções dadas.

O grande número de experiências com o LEGO SERIOUS PLAY fora do mundo corporativo ocorreu nas áreas de educação e pesquisa. Portanto, olharemos mais a fundo essas duas categorias.

LEGO SERIOUS PLAY NA EDUCAÇÃO

De acordo com o *background* e as conexões com educação de Robert, pareceu natural imaginar se o método funcionaria com crianças. Seguindo o espírito LEGO SERIOUS PLAY, só havia uma coisa a se fazer: **tentar**.

Uma vez feito, a conclusão se tornou rapidamente clara: se o propósito era explorar e aprender, em vez de apenas ensinar, então o método funcionou muito bem com crianças entre seis e sete anos de idade, mesmo de uma variedade de culturas. Apesar de ter sido necessário explicar um pouco mais sobre metáforas e elaborar sobre como eles estavam usando os blocos LEGO para contar histórias, em vez de construir o modelo de alguma coisa, o processo ocorreu da mesma forma como com os adultos. Estudantes mais velhos, que pararam de brincar com LEGO há muitos anos, também acharam motivante. Como um jovem de 14 anos disse: "Achei que estava muito crescido para brincar com LEGO... mas eu gosto de como você pode construir coisas que não são concretas, como o que é uma boa manhã com a minha família ou o que é amizade." Um professor que tem utilizado o LEGO SERIOUS PLAY em diversos projetos do ensino fundamental, variando de nutrição e saúde até literatura e relatórios de livro, se refere a escrita de Gregory Bateson como uma de suas inspirações para o uso da metodologia, citando a seguinte frase: **"Não posso pensar sobre o que estou dizendo até que tenha dito o que estou pensando."**

Uma das primeiras escolas a aplicar o LEGO SERIOUS PLAY na educação foi a A. B. Combs Leadership Magnet Elementary School, de Raleigh, no Estado da Carolina do Norte. Aqui estão três exemplos do currículo deles:

1. Após completar uma aula de leitura em voz alta, os estudantes utilizam o processo para construir sua cenas favoritas do livro, os eventos mais memoráveis ou um modelo que represente o problema/solução da história.
2. Ao falar sobre contas bancárias emocionais (CBEs), os estudantes construem um modelo que represente como alguém pode fazer um depósito na CBE e, depois de outra discussão, constroem um modelo que represente como podem realizar saques da CBE.
3. Ao aprenderem sobre um ponto de vista/perspectiva, os estudantes constroem um modelo para representar os dois lados, comparando e contrastando-os.

O LEGO SERIOUS PLAY também foi bem-sucedido nas faculdades e universidades, incluindo graduação, pós-graduação e educação executiva. Podemos descrever melhor este segmento de usuários como aqueles interessados em **aprendizado pela ação**, que pode ser definido como "um processo educacional em que os estudantes realizam uma atividade e depois a estudam para melhorar sua *performance*. Em um ambiente de aprendizado pela ação, isso geralmente ocorre em pequenos grupos, estudantes acumulam experiência ao fazer atividades repetidamente e, depois, obtém *feedback* ao analisar suas ações" (www.businessdictionary.com).

Assim como a abordagem de John Dewey, as teorias de aprendizado ativo têm uma grande dose de bom senso. E já que faz sentido aplicar essa tática em diversas situações, as coisas tendem a ficar um pouco mais complicadas quando se trata exatamente de **como** fazê-la. Para aqueles no campo da educação, o LEGO SERIOUS PLAY é uma resposta altamente relevante ao desafio de implementar ações reais no aprendizado. Usuários do método em escolas de negócios, programas de MBA e educação executiva, frequentemente têm um propósito duplo: colher os benefícios das interações atuais, mas também expor seus estudantes a um método que tenha relevância nas organizações em que eles trabalham ou vão trabalhar, uma vez que terminarem o curso.

A lista de aplicação desse grupo inclui os seguintes tópicos:

- Refletir e discutir sobre diferentes aspectos do processo de ensino, aprendizagem e do currículo.
- Iniciar, avaliar e dar *feedback* de projetos feitos pelos estudantes.
- Definir o conteúdo e a expectativa de programas educacionais.
- Construir uma equipe entre os estudantes.
- Identificar necessidades e expectativas dos estudantes.
- Formar grupos de observação para entender a experiência dos estudantes.
- Desenvolver as habilidades dos estudantes de aprender e como aprender.
- Criar comunidades de aprendizado.
- Produzir ideias para projetos educacionais.

LEGO SERIOUS PLAY NA PESQUISA

O uso do LEGO SERIOUS PLAY no campo da pesquisa é frequentemente relacionado ao seu uso na faculdade ou universidade. Estudantes de graduação e pós-graduação podem empregar o método para pesquisas de observação e coleta de dados. Os professores podem usá-lo como um componente de pesquisa para a usabilidade de formas alternativas de ensino e/ou aprendizado. Também há um crescente interesse em pesquisas iniciais sobre o impacto do LEGO SERIOUS PLAY no usuário final, para o desenvolvimento de um entendimento profundo do componente científico. Isso pode estar no domínio relacionado ao aprendizado e desenvolvimento (por exemplo, neurociência), ou como o método impacta no desenvolvimento de desafios na área de negócios, como na formação de equipes inovadoras ou ainda criando novas visões (por exemplo, Louise Møller Nielsen, *Personal and Shared Experiential Concepts* e Volker Grienitz, André-Marcel Schmidt, Per Kristiansen e Helmut Schulte, *Vision Statement Development com LEGO SERIOUS PLAY*).[1]

Um pequeno resumo das instituições de ensino superior (IESs) que utilizam ou já utilizaram o LEGO SERIOUS PLAY inclui:

- University of Twente, Holanda
- University of Siegen, Alemanha
- Chemnitz University of Technology, Alemanha
- IMD, Lausanne, Suíça
- Universita Svizzera Italiana, Suíça
- Globis School of Management, Tóquio, Japão
- New York University Stern School of Business, EUA
- Harvard Business School, Executive Education, Boston, EUA
- Simmons School of Management, Boston, EUA
- Wharton School, Filadélfia, EUA
- Imperial College, Londres, Reino Unido
- London Business School, Reino Unido
- London College of Fashion, Reino Unido
- University of Aalborg, Dinamarca
- Escuela Universitaria Real Madrid, Espanha
- Tecnologia de Monterey, México
- Universidad Tecnologica del Poniente, México
- Waikato Management School, Nova Zelândia
- University of Queensland, Austrália

Um exemplo é o da Escuela Universitaria Real Madrid, que tem um programa de MBA em gestão do esporte. Nesse programa, o LEGO SERIOUS PLAY é usado para dois propósitos diferentes, na segunda parte do curso.

Primeiro, é utilizado para preparar os estudantes para trabalharem juntos em projetos de equipe. Ao longo do processo, eles aprendem como se beneficiar das forças uns dos outros e como aumentar a inteligência coletiva da equipe.

Segundo, os estudantes usam o método para definir suas expectativas para o grande *tour* estudantil, um encontro em Nova York com as principais ligas esportivas americanas, como a Liga Nacional de Futebol Americano (NFL), a Liga Nacional de Hockey (NHL), a Liga Principal de Baseball (MLB) e a Associação Nacional de Basquete (NBA). Os resultados dos exercícios com o LEGO SERIOUS PLAY são utilizados pelos professores como parte do planejamento.

Existem duas publicações interessantes e diferentes que investigam a fundo o uso de métodos similares em educação e pesquisa: o livro de David Gauntlett, *Creative Explorations* (Routledge, 2007) e *Achieving Participatory Development Communication through 3D Model Building*, da autora Lauren Leigh (Centre for Communication and Social Change, University of Queensaland, 2012).

O trabalho de Gauntlett explora a forma como pesquisadores podem abraçar a criatividade quotidiana das pessoas a fim de entender experiências sociais. Procurando uma alternativa para as pesquisas tradicionais e os grupos de observação, ele esboçou estudos que requeriam que as pessoas fizessem coisas visuais, como vídeos, colagens e desenhos, para depois interpretá-los. Essa pesquisa levou a um projeto inovador, em que Gauntlett pediu que as pessoas utilizassem o LEGO SERIOUS PLAY para construir modelos metafóricos de suas identidades. Esse método criativo e reflexivo proporciona um entendimento sobre como as pessoas se apresentam, entendem suas próprias histórias de vida e se conectam com o mundo social. Na sua conclusão do estudo, Gauntlett escreve: "Eu fiquei surpreso com o grau de clareza que uma boa parcela das pessoas viram de sua própria 'identidade', nos seus próprios termos e a compartilhar essa história com os outros. Também foi animador, senão surpreendente, descobrir que pessoas são filósofos no espaço de suas próprias vidas, antes dos teoristas sociais surgirem."

Já Lauren Leigh Hinthorne levou o método para águas nunca antes navegadas, utilizando-o como ferramenta para o desenvolvimento participativo da comunicação. Nas palavras dela, ela conduziu "uma análise de situação temporária com um grupo de *stakeholders* importantes do ACIAR (sigla em inglês para Centro Australiano para a Pesquisa da Agricultura Internacional) – iniciativa que oferece reforço financeiro a pequenos criadores de gado no Timor Leste. Em resumo, ela levou o método para uma área e um população que nunca havia visto blocos LEGO antes. Seu objetivo era solicitar *feedback* e ideias dos proprietários de gado para ajudá-los a conseguir o tipo certo de ajuda.

Os participantes eram líderes de vilarejos e fazendeiros/criadores de gado. O exercício incluía solicitar aos participantes que construíssem modelos que interpretassem suas percepções de práticas de gerenciamento de pecuária, utilizadas atualmente. Depois, ele foram estimulados a construírem como seria uma gestão de agropecuária aperfeiçoada e de quais recursos eles precisavam para atingir essa esperada posição.

Entre suas observações, Lauren Leigh Hinthorne notou a alta qualidade do engajamento dos participantes e o espaço que o método criava para que os participantes trabalhassem em um problema. Ela enfatizou como a abordagem ajudou os participantes a descontruir o que seria uma situação altamente complexa.

Depois de analisar como o uso do LEGO SERIOUS PLAY evoluiu, com sucesso, para áreas que originalmente não foi planejado, continuaremos com um capítulo com reflexões sobre o que é importante ter consciência ao colocar o processo em ação.

CAPÍTULO 14
Contemplando LEGO® SERIOUS PLAY® em funcionamento

Três coisas nos chamaram a atenção após mais de uma década de trabalho com LEGO SERIOUS PLAY.

1. Ele funciona para uma ampla gama de indústrias e áreas.
2. Ele funciona para todas as pessoas e em qualquer cultura.
3. Todos os *worshops* são customizados.

Vamos examinar essas três observações

ELE FUNCIONA PARA UMA AMPLA VARIEDADE DE INDÚSTRIAS E ÁREAS

Esperamos que os casos que compartilhamos deixem claro que o método funciona para várias áreas. Apesar de ter sido criado para desenvolvimento estratégico em uma companhia de brinquedos familiar na Dinamarca, ele evoluiu para um método de pensamento e comunicação, cuja aplicabilidade está limitada apenas pela natureza do problema e dos benefícios da organização procurando resolver esse problema. Como demonstramos, ele funcionou bem em empresas grandes e pequenas, privadas e públicas, para organizações com fins lucrativos e não lucrativos, tanto em educação quanto em pesquisa.

Geralmente encontramos limites na natureza dos desafios em que a organização quer trabalhar, e em como a organização funciona. LEGO SERIOUS PLAY é mais eficiente quando o desafio é complexo e sem solução óbvia.

Introduzir LEGO SERIOUS PLAY requer um gestor corajoso. Ele ou ela tem que ser corajoso o bastante não apenas para trazer os blocos de LEGO, mas também para estabelecer um diálogo franco, que irá permitir a todos os presentes falar o que vier à cabeça. Existe um elemento de renúncia ao controle por um período de tempo. Demanda coragem para entrar em um processo onde uma pessoa permite que ele e suas convicções sejam desafiados. Entretanto, não basta apenas o gerente ser corajoso; ele ou ela também deveriam ser parte de uma organização – isso é, uma cultura – que acredita no potencial do seu pessoal, e que permita aos seus funcionários pensarem e agirem estrategicamente. E nas palavras de Kjeld Kirk Kristiansen, dono da LEGO, em uma entrevista de 2002: "Infelizmente, nem todas as organizações estão prontas para o LEGO SERIOUS PLAY."

ELE FUNCIONA PARA QUALQUER PESSOA DE QUALQUER CULTURA

O método pode funcionar para todos. Ele não possui nenhum pré-requisito específico para certos indivíduos; participantes do *workshop* não precisam ter jogado com blocos de LEGO antes ou se considerarem criativos. Eles não precisam vir de uma cultura nacional ou sistema de crenças religiosas específicos. E apesar de parecer surpreendente, até mesmo habilidades físicas (ou a falta delas) não parecem representar um papel tão importante. Nós já fizemos *workshops* com pessoas que possuíam membros paralisados, que eram deficientes visuais, ou que sofriam de distrofia muscular. Como mencionado anteriormente, a única coisa que limita o método é o contexto no qual ele é utilizado – a natureza do desafio e da organização onde acontece o *workshop*.

TODOS OS *WORKSHOPS* SÃO CUSTOMIZADOS

O fato de o LEGO SERIOUS PLAY ser um método e uma linguagem para solucionar todos os tipos de problemas tornou-se evidente durante os primeiros anos de seu uso. Inicialmente, enxergávamos como **um** *workshop* criado para desenvolver estratégia dinâmica. Esse processo tomou dois dias e as caixas usadas carregavam o nome do processo: estratégia em tempo real LEGO SERIOUS PLAY para a empresa. Nós até desenvolvemos um folheto lindo (*The Imaginopedia for Real Time Strategy for the Enterprise*) para dar apoio ao processo. Mas enquanto ele foi – e ainda é – um ótimo *workshop*, tornou-se claro que esse conceito de um tamanho adequado para todos, na verdade raramente serve a alguém; muito poucos estavam procurando pelo resultado exato que ele tinha a oferecer. Consequentemente, a necessidade para mais aplicações diversas se tornou evidente.

A resposta inicial da equipe executiva de descobertas foi desenvolver mais dois *workshops* padrão para a equipe de desenvolvimento e desenvolvimento pessoal. LEGO SERIOUS PLAY se estabeleceu como **três** *workshops* com materiais de suporte. Cada vez que planejávamos o fluxo de um novo *workshop,* novas adaptações apareciam, e se tornou claro para nós que o método LEGO SERIOUS PLAY não é um, dois ou três *workshops* padrão. Ao contrário, ele é um método que não apenas **pode**, mas que **precisa** ser customizado.

Nós ainda treinamos facilitadores com os roteiros padrão para os *workshops* de estratégia e de equipe, mas nós lhes fornecemos as ferramentas e técnicas para trabalharem mais eficientemente dentro dos parâmetros desses *workshops* em particular. Nosso foco principal agora é para que os facilitadores aprendam como usar o processo principal e as sete TAs para planejar *workshops* únicos.

ARMADILHAS

A conclusão então é que o LEGO SERIOUS PLAY é uma panaceia que funciona para todos, o tempo todo e em qualquer lugar? É tentador dizer sim – especialmente para nós – mas a resposta correta é não. Nós já compartilhamos alguns dos limites, e discutimos sobre as armadilhas do facilitador em detalhes no Capítulo 4. Além disso, identificamos aqui cinco armadilhas para a organização e o facilitador estarem atentos. Cair em qualquer uma dessas pode levar a uma situação em que nem todos estejam inclinados a participar, padrões convencionais de pensamento não sejam quebrados, e novos *insights* não apareçam.

1. **Trapacear na brincadeira.** Igual ao que acontece quando crianças estão brincando, uma pessoa pode trapacear na brincadeira, e consequentemente prejudicá-la. Isso se torna óbvio rapidamente no LEGO SERIOUS PLAY; ou a pessoa está claramente obstruindo por não seguir o método (isto é, ignorando as perguntas ou deliberadamente não as entendendo) ou ele ou ela não está "jogando com cartas abertas". O último geralmente ocorre na forma de não ser **completamente honesto** ou até sendo **completamente desonesto**. Os outros participantes ou o facilitador irão quase sempre perceber isso, e o facilitador precisará tomar conta da situação. Geralmente é muito simples ouvir ou enxergar isso; alguns sinais

incluem o participante se curvar mais, falar na terceira pessoa e/ou desviar-se do modelo. Quando essa forma de agir não é interrompida, o método é prejudicado e no fim é arruinado.

2. **"Eu tenho a resposta."** Algumas vezes parece a alguém – geralmente algum gerente ou investidor – que tem a resposta, e quer usar esse método divertido e criativo para impor sua opinião, ao contrário de procurar pela contribuição dos outros. Se uma pessoa chave leva esse tipo de atitude ao *workshop*, então ele não tem muita possibilidade de sobreviver. A pessoa sentirá que os outros participantes estão desafiando sua posição e pontos de vista. Por sua vez, os outros participantes se sentirão manipulados e se perguntarão por que estão pedindo sua opinião quando a maioria não está ouvindo. Resumidamente, nós sempre dizemos às pessoas que se você sabe a resposta, então não perca tempo construindo. LEGO SERIOUS PLAY não é sobre o que você já sabe conscientemente; é sobre desbloquear novos conhecimentos.

3. **Nós queremos abrir isso?** Se os gestores do topo não querem abrir a discussão e a solução, então ele nunca funcionará. O método está baseado em um diálogo aberto, onde não há vacas sagradas que não podem ser mencionadas e transformadas em modelos de LEGO.

4. **Nós queremos ser perguntados ou respondidos?** O método se baseia em questões que trazem respostas à tona. As perguntas vêm de uma pessoa de **fora** (o facilitador), e as respostas vêm das pessoas de **dentro** (os participantes). Se a organização está expressamente procurando ou esperando consultoria especializada, ou ensinamento, então a abordagem não funcionará nessa situação, já que a organização não encontrará o que ela está procurando.

5. **Observadores.** Alguém pode considerar ter observadores por diversos motivos, eles podem ser apropriados em várias intervenções; entretanto, LEGO SERIOUS PLAY não é um deles. Quando os participantes estão sendo observados, eles normalmente irão conscientemente ou inconscientemente mudar seu comportamento – talvez por não compartilhar tudo que sabem. Parecido com o que vimos na 1ª armadilha, isso também se parece com brincadeira de criança – o que é facilmente visto quando se observa crianças brincando. Perceba quanto tempo demora para

uma criança mudar seu comportamento uma vez em que elas percebem que você as observa. A brincadeira acaba, elas ficam mais hesitantes, ou elas pedem ajuda onde elas não pediriam se você não estivesse ali. Essa armadilha é reminiscente do princípio da incerteza de Heisenberg: você não pode observar um sistema sem mudar seu comportamento.

Até agora compartilhamos com você o território do LEGO SERIOUS PLAY, olhamos para as teorias que informam como o método funciona, e vimos onde e como ele foi aplicado. No próximo e último capítulo fecharemos o livro explorando os limites que o LEGO SERIOUS PLAY pode forçar, e como ele pode forçá-lo.

CAPÍTULO 15
Superando os limites com LEGO® SERIOUS PLAY®

No capítulo anterior, falamos sobre o território que define o método LEGO SERIOUS PLAY, as teorias que o apoiam e o informam, além de como e onde ele é aplicado. Agora, concluiremos com uma reflexão sobre como o método pode ajudar na superação de limites. Mais tarde, exploraremos quais são eles. Primeiro, falaremos sobre contexto.

Desde de o princípio do LEGO SERIOUS PLAY, no final do século passado, o mundo passou por muitas mudanças. Atualmente, estamos encarando diversos desafios, devido a uma economia que foi de incrivelmente alta à deprimentemente baixa, e agora encontra-se em estado de otimismo cauteloso. Durante o seu período de vida, nos últimos 15 anos, o método tem sido muito mais usado neste período de crise econômica, que teve início em 2008, do que na fase de crescimento. Uma parte desta diferença no uso do LEGO SERIOUS PLAY pode ser atribuída a um novo modelo de distribuição da comunidade. Desde que acreditamos que o novo modelo de negócios só explica, parcialmente, a atração que o método está recebendo, não vamos refletir sobre como superar as barreiras do LEGO SERIOUS PLAY – mas sim, as barreiras que o método é capaz de superar no desenvolvimento futuro dos negócios e da sociedade no geral.

Isso pode ser surpreendente, já que vivemos em um período em que o novo é **glorificado** (alguns afirmam que a nossa sociedade sofre coletivamente de "**neomania**"). Portanto, muitos esperam de nós uma hipótese sobre como a tecnologia pode levar o LEGO SERIOUS PLAY a ser outra coisa.

Entretanto, o método existe há mais de uma década quase sem mudar, se nós seguirmos o argumento da proporcionalidade de expectativa de vida para algo não perecível, então o método tem ao menos mais uma década de vida pela frente. Nas palavras do provocador acadêmico e estudioso Nassim Nicholas Taleb: "Para o perecível, todo dia adicional em sua vida pode ser traduzido em uma **menor** expectativa de vida adicional. Para o não perecível, todo dia adicional pode significar uma expectativa de vida **maior**."[1]

Na nossa opinião, existem três razões pelas quais o LEGO SERIOUS PLAY pode ter um futuro brilhante à sua frente: (1ª) não haverá uma diminuição na necessidade de fazer com que as pessoas se engajem, desbloqueiem conhecimento e quebrem pensamentos convencionais (pelo contrário); (2ª) o LEGO SERIOUS PLAY pode tocar no programa genético e na forma natural dos humanos pensarem, se comunicarem, resolverem um problema e expressarem pensamentos e ideias por meio de um processo que envolve o uso das mãos; finalmente (3ª) o LEGO SERIOUS PLAY é capaz de superar alguns limites importantes que os negócios e a sociedade em geral precisarão superar na próxima década:

- Os desafios de uma dinâmica complexa.
- A morte por dados.
- "O que você trouxe você aqui não vai te levar até lá".
- Miopia *hi-tech*.
- Liderança do herói.
- Dependência da genialidade individual.
- A abordagem da cenoura e do chicote.

A seguir, olharemos de forma mais profunda para os limites que acreditamos que o LEGO SERIOUS PLAY ajudará a superar na próxima década.

SUPERANDO OS DESAFIOS DE UMA DINÂMICA COMPLEXA

Estudiosos como C. Otto Scharmer acreditam que estamos adentrando um período definido por uma dinâmica complexa. Nas palavras de Scharmer, a distância entre causa e efeito caracteriza uma dinâmica complexa e como consequência, já não é suficiente aprender com o passado. Precisamos começar a aprender com o futuro, uma vez que ele surge.[II] Isso está próximo da linha de argumento apresentada no Capítulo 1, quando falamos sobre sistemas adaptativos complexos. Aqui, os estudiosos geralmente iriam dizer que, a fim de evoluir, é preciso sondar o sistema, observar, aprender, e depois agir.

Retornando a Scharmer, ele argumenta que se queremos aprender do futuro que surge, devemos mudar nossa conversa (e consciência) de (1º) **descarga** – falar de forma agradável, (2º) **debater** – falar duro e (3º) **dialogar** – investigação reflexiva, para (4º) **presença coletiva**, em que o grupo cocria algo novo.[III]

Nossa experiência mostra que um *workshop* LEGO SERIOUS PLAY bem conduzido pode fazer exatamente isso. Durante a abertura dos desafios de desenvolvimento de habilidades, os participantes já conseguem ir além das frases vazias e educadas. Depois, nas primeiras rodadas de construção (TA1), eles se movem da troca e da defesa de pontos de vistas divergentes, para ver-se como parte de um sistema adaptativo. E, finalmente, nos últimos estágios do *workshop*, começam a cocriar algo novo e maior.

SUPERANDO OS LIMITES DA MORTE POR DADOS

Não é segredo que nós nunca tivemos acesso a tantos dados como temos agora. A oportunidade de coletar dados pelo tráfego na *Web* e o uso de *smartphones* (onde e quando), combinado ao poder de processamento presente em muitos negócios, parece ser uma oportunidade inesgotável. Oportunidades que provavelmente serão tolhidas por aquilo que estiver disponível nos próximos anos. Consequentemente, diversas abordagens de possibilidades analíticas irão surgir. Mas será o *big data* nos negócios algo equivalente à pedra filosofal? Não estamos certos disso. Já mencionamos (no Capítulo 1 deste livro) que o teste do "gorila invisível" de Chabris e Simons, mostrou como nós, como observadores, podemos perder o que seria óbvio ao focar na coleta de uma informação em particular.[IV] Na sua publicação *Antifragile*, Nassim Nicholas Taleb faz uma observação semelhante:

" Nós nunca tivemos tantos dados como temos agora, ainda que tenham menos previsibilidade do que nunca. Mais dados – assim como prestar atenção na cor dos olhos das pessoas a sua volta ao atravessar a rua – podem fazer você não ver um grande caminhão."

Nós acreditamos, profundamente, que um método como o LEGO SERIOUS PLAY pode ajudar todo mundo a superar os limites dos dados existentes. Ele pode ajudar na construção de novos conhecimentos e ideias surpreendentes. Construir o intangível em modelos físicos, articulando e visualizando dados, o que pode nos ajudar a ver algo que estaríamos perdendo e nos fazer descobrir padrões surpreendentes.

SUPERANDO OS LIMITES DO "O QUE TROUXE VOCÊ ATÉ AQUI NÃO VAI TE LEVAR ATÉ LÁ"

Em diversas partes do mundo a economia está estagnada. Como diz um provérbio dinamarquês: "**Existe um limite para tudo**" (ou, como dizemos: "**As árvores não crescem até o céu**"), e parece que em muitos lugares esse limite foi atingido. Ainda que em outras partes do mundo muitos países estejam procurando por crescimento. Essas nações estão regularmente tentando encontrar o seu próprio caminho, que irá conduzí-las ao crescimento. Existe um sentimento crescente que a abordagem à gestão e ao capitalismo, que historicamente potencializaram o crescimento na Europa e na América do Norte, pode não ser o que vai ajudar as empresas no desenvolvimento do crescimento econômico. Mesmo nesses países (vamos chamá-los de economias do velho mundo), temos observado um interesse crescente na criação de algo novo, uma nova maneira de gestão. A abordagem LEGO SERIOUS PLAY propõe que criar reuniões engajadoras, capazes de levarem ao desbloqueio de novos conhecimentos e à quebra de padrões habituais, pode ser uma forma de gestão. O crescimento já não é um dado, e como Albert Einstein disse:

"Insanidade: é fazer a mesma coisa diversas vezes, esperando resultados diferentes.

Nós não podemos resolver os nossos problemas com o mesmo pensamento que tínhamos quando eles foram criados."

SUPERANDO OS LIMITES DA MIOPIA *HI-TECH*

Isso não é para dizer que a nova tecnologia não assegura uma grande promessa, o que ela faz incontestavelmente. Mas, apenas como forma de coletar e processar mais dados, a alta tecnologia não é necessariamente a resposta para aquilo que será capaz de criar vidas melhores e mais significativas e melhores negócios. A nova tecnologia está tornando as coisas mais fáceis em diversos aspectos da vida e, cada vez mais, torna independentes o tempo e o espaço de diversas atividades, o que é um grande presente para a maioria de nós. Entretanto, enquanto a tecnologia pode ser vista como um equalizador incrível, ela pode ter também outros efeitos: (1º) torna-se difícil ser distinto e mais difícil ainda evitar a mercantilização; (2º) se não nos encontrarmos pessoalmente com frequência, esperamos ainda mais, quando isto de fato acontece.

Acreditamos que o LEGO SERIOUS PLAY pode ser uma possibilidade de superar esses dois efeitos. Destravar novos conhecimentos e quebrar padrões convencionais de pensamento pode ajudar equipes a desencadearem sua imaginação e encontrarem sua singularidade. Também é aqui que as equipes superam os dados. Criar reuniões verdadeiramente engajadoras, em que a dinâmica 20/80 é quebrada, auxilia em conversas verdadeiras e na real cocriação. Já mencionamos como vemos um movimento dual: duas tendências acontecendo simultaneamente, uma indo em direção à alta tecnologia e outra no sentido contrário. É essa última tendência que acreditamos ser capaz de criar um lugar certo para o nosso método.

SUPERANDO OS LIMITES DA LIDERANÇA DO HERÓI

Um dos maiores benefícios do LEGO SERIOUS PLAY, mencionado diversas vezes, é a capacidade de quebrar a maldição de reuniões 20/80, criando um processo justo em que todos são iguais.

Então, porque o método é capaz de quebrar isso, trazendo igualdade à mesa? A pesquisa do biologista evolucionário holandês Mark van Vugt sobre a ciência evolucionária da liderança pode fornecer algumas ideias. Em seu livro de 2011 *Naturalmente Selecionados: Por que Algumas Pessoas Lideram, por que outras Seguem e por que isso é Importante*, van Vugt faz uma afirmação convincente de que as teorias e as práticas atuais de gestão desenvolveram-se mais rapidamente que nossos cérebros.[v] É no fundo do nosso cérebro que vive um senso primitivo e natural de certo e errado, o que faz sentido e o que parece ser irracional. Homens e mulheres da Idade da Pedra viviam em tribos, formando conjuntos. Muitos aspectos de como e por que os membros de uma tribo trabalhavam juntos e prosperavam ainda fazem sentido no nosso mundo atual, cada vez mais veloz, complexo e caótico. A liderança na Idade da Pedra era baseada na confiança. As tribos raramente excediam 150 ou 200 membros, então as pessoas se conheciam muito bem e suas relações eram próximas e informais. As ligações entre os primeiros seres humanos eram mais igualitárias, porque nas sociedades primitivas era difícil acumular recursos e poder.

De acordo com van Vugt, o princípio de igualdade continua sendo uma parte importante dos nossos instintos. Grandes organizações podem matar a motivação. Em algumas empresas grandes e hierárquicas, os líderes principais podem ganhar **380 vezes** mais do que um colaborador em nível de entrada. Em compensação, essa grande diferença parece antinatural e alienante, aprofundando a frustração entre os colaboradores medianos. No tempo dos nossos antepassados, os líderes costumavam ser eleitos democraticamente. Hoje, a maioria dos colaboradores têm pouca ou nenhuma influência sobre a escolha de um líder. Em vez da liderança ser situacional ou específica para um projeto, muitos líderes concentram poderes universais.

Quando os colaboradores estão acostumados a trabalhar em um sistema hierárquico, é desafiador acreditar em um modelo de liderança mais natural, em que as pessoas se conhecem, confiam uma nas outras e compartilham as responsabilidades de liderança de acordo com as tarefas que têm em mãos. Uma ideia-chave do nosso trabalho com grandes empresas é a que natureza igualitária e democrática do processo LEGO SERIOUS PLAY pode reconectar todos os colaboradores com seus conhecimentos profundos, e criar uma melhor base para que uma liderança natural emerja e floresça.

SUPERANDO OS LIMITES DA DEPENDÊNCIA DA GENIALIDADE INDIVIDUAL

Conforme os *experts* se tornam mais especializados, quase todos os problemas e projetos exigem ideias de diversas pessoas. Frequentemente, os indivíduos reunidos possuem diferentes domínios profissionais, sendo de diversas gerações e até países. A habilidade em trabalhar de forma eficiente com pessoas diferentes será, portanto, fundamental para o sucesso de projetos, programas e empresas em cada setor da economia global.

A publicação *Group Genius* (2007), de Keith Sawyer, mostrou estudos de caso poderosos sobre os méritos de aproveitamento da inteligência coletiva.[VI] E muitos de nós já experimentamos os seus benefícios. Uma equipe de pesquisadores do Massachusetts Institute of

Technology (MIT), do Union College e do Carnegie Mellon University utilizou um sistema de análise estatística, similar a um teste de QI (quociente de inteligência), para demonstrar que a **inteligência coletiva** (o fator c) existe, e que pode ser mensurado. Em dois estúdios, 699 indivíduos, trabalhando em grupos que variavam de dois a cinco componentes, foram pesquisados e observados enquanto desenvolviam diversos tipos de tarefas – incluindo *design* de interiores, *brainstorming*, grupo de raciocínio matricial, grupo de raciocínio moral, planejamento de uma viagem curta e grupo de datilografia.

Surpreendentemente, nenhum membro de inteligência média ou máxima foi um preditor significativo para o sucesso do grupo. Entretanto, houve correlações significativas entre o fator c a sensibilidade social do grupo na transformação e no revezamento de habilidades.

Essas são também as principais características do processo principal do LEGO SERIOUS PLAY, e acreditamos que o futuro é brilhante para aquelas empresas que entenderem a influência do fator, em vez de apenas confiar no conhecimento especializado, já que isso pode tornar-se facilmente desatualizado.

SUPERANDO A ABORDAGEM DA CENOURA E DO CHICOTE

Muitas pessoas acreditam que a melhor forma de motivação é oferecer recompensas em dinheiro – **a abordagem da cenoura e do chicote**. De acordo com Daniel H. Pink, autor do livro *Drive: The Surprising Truth About What Motivates Us*,[VII] isso é um erro. Ele afirma que o segredo para a alta performance e a satisfação – no trabalho, na escola e em casa – é a profunda necessidade humana de direcionar nossas próprias vidas, de aprender e criar coisas novas e de fazer algo melhor para nós mesmos e para o mundo.

O economista comportamental Daniel Ariely também fala sobre o que nos faz se sentir bem no trabalho. Em resumo, é que desenvolver um trabalho significativo nos faz sentir bem.[VIII] Mas o que exatamente é um trabalho significativo e por que nos importamos? Sua pesquisa apoia a visão de que não trabalhamos apenas por dinheiro. Somos parcialmente motivados pelo dinheiro, mas quando todo o resto é igual, preferimos desenvolver um **trabalho significativo**.

Há muitas outras pesquisas que apoiam as afirmações de Daniel Pink e Daniel Ariely. Uma razão-chave é termos um profundo desejo humano de fazer e criar coisas. É o mesmo desejo que faz com que o conteúdo gerado na Internet continue a aumentar. Mais do que nunca, estamos sendo empoderados com as ferramentas, o tempo e a tendência de criar coisas.

O LEGO SERIOUS PLAY é mais significativo para as pessoas do que outras formas de pensamento, comunicação e resolução de problemas. Ele sempre toma como ponto de partida uma pessoa de maneira individual, e o que é significativo para ela. É o significado do construtor no modelo e o significado do construtor na história. Neste processo, o construtor direciona sua "vida" no *workshop*, cria o seu próprio novo aprendizado e, por fim, vê os frutos do seu trabalho.

Enquanto o LEGO SERIOUS PLAY continuar a decolar, estamos convencidos de que superaremos muitas outras barreiras e desafios. Gostaríamos de terminar a leitura desse livro com a imagem do avião 747 percorrendo a pista, pensando simultaneamente sobre como vai contra o senso comum que um objeto de peso monumental saia do chão por si próprio. Ainda que você saiba que ele fará isso com total graça. Quando começamos nossa jornada com o LEGO SERIOUS PLAY, tínhamos os mesmos pensamentos.

Naquela ocasião, não sabíamos o **por que**, nem **como** ele poderia voar. Entretanto, hoje nós sabemos e esperamos termos sido capazes de **compartilhar essa mágica com você!**

Notas

CAPÍTULO 1 – A NECESSIDADE DE SE CONSTRUIR UM NEGÓCIO MELHOR

I. Chabris, C. e Simons, D. *O Gorilla Invisível:* e outros equívocos da intuição. Rio de Janeiro, Rocco, 2011. www.theinvisiblegorilla.com.

CAPÍTULO 2 – O BLOCO DE LEGO®

I. Robertson, D. *Peça por Peça.* Rio de Janeiro: Elsevier, 2013.
II. Ibidem.
III. Schön, D. *Educando o Professional Reflexivo.* Porto Alegre: Artes Médicas, 2000.
IV. Ibidem.
V. Morgan, G. *Imagens da Organização.* São Paulo: Atlas, 2002.

CAPÍTULO 3 – DEFININDO SERIOUS PLAY

I. Huizinga, J. *Homo Ludens.* São Paulo: Perspectiva, 2008.
II. Huizinga, J. In: Gauntlett, D e Thomsen, B. *Cultures of Creativity.* Billund: LEGO Foundation, 2013.
III. Brown, S. *Play.* Nova York: Avery, 2009.
IV. Caillois, R. *Man, Play, and Games.* Nova York: Free Press, 1958; Urbana: University of Illinois University, 2001.

CAPÍTULO 6 – CONSTRUINDO CONHECIMENTO – DANDO UMA AJUDA PARA SUA MENTE

I. Papert, S. *A Máquina das Crianças: Repensando a Escola na Era da Informática*. Porto Alegre: Artes Médicas, 2008.

II. Papert, S. e Harel, I. *Construcionism*. Norwood: Ablex Publishing Corporation, 1991.

III. Ibidem.

IV. Wilson, F. *The Hand: How Its Uses Shapes the Brain, Language and Human Culture*. New York: Pantheon, 1998.

V. Furth, H. *Piaget and Knowledge: Theoretical Foundations*. Upper Saddle River: Prentice-Hall, 1969.

VI. Jabr, F. *The Science of Paper versus Screens*. Scientiqfic American. 13 de Abril, 2013.

CAPÍTULO 7 – NEUROCIÊNCIA – ENTENDENDO A MENTE DO CONSTRUTOR

I. Davachi, L.; Kiefer. T.; Rock, D.; Rock.; L. *Learning That Lasts Through Ages*. NeuroLeadership Journal 3, 2010.

II. Ibidem.

III. Jensen, E. 2005. *NeuroLeadership Journal 3*, 2010.

IV. Wills, T. W. et al. 2000 In : Jung-Beeman, M.; Collier, A. e Kounios, J. *How Insight Happens: Learning from the Brain*. *NeuroLeadership Journal 1*, 2008.

CAPÍTULO 8 – FLOW – A ALEGRIA DO APRENDIZADO EFETIVO

I. Knoop, H. H. *Play, Learning and Creativity: Why Happy Children Are Better Learners*. Copenhague: Aschehoug, 2002.

CAPÍTULO 9 – IMAGINAÇÃO – ENXERGANDO O QUE NÃO É

I. http://online.wsj.com/news/articles/SB120994652485566323. *The Wall Street Journal*, 2008.

II. Hamel, G. *Competindo pelo Futuro*. Rio de Janeiro: Elsevier, 2005.
III. Sharkey, J. *Reinventing the Suitcase by Adding the Wheel*. New York Times, 4 de outubro, 2010. www.nytimes.com/2010/10/05/business/05road.html?_r=0.
IV. Hammer, M. *The Reengineering Revolution*. Nova York: HarperCollins, 1995.

CAPÍTULO 10 – PLAY É SOBRE PROCESSO

I. Huizinga, J. *Homo Ludens*. São Paulo: Perspectiva, 2008.
II. Brown, S. *Play*. Nova York: Avery, 2009.
III. Ibidem.
IV. Ibidem.
V. Gauntlett, D e Thomsen, B. *Cultures of Creativity*. Billund: LEGO Foundation, 2013.
VI. Sutton-Smith, B. *The Ambiguity of Play*. Cambridge: Harvard University Press, 2001.
VII. Gauntlett, D e Thomsen, B. *Cultures of Creativity*. Billund: LEGO Foundation, 2013.
VIII. Taleb, N. N. *Antifrágil: Coisas que se Beneficiam com o Caos*. Rio de Janeiro: Record, 2014.

CAPÍTULO 13 – LEGO® SERIOUS PLAY® EM AÇÃO FORA DOS NEGÓCIOS

I. Nielsen, L. M. *Personal and Shared Experiential Concepts*. Aalborg University: Dinamarca, 2009. Grienitz, V.; Schimidt, A.; Kristiansen, P. e Schulte, H. *Vision Statement Development with LEGO SERIOUS PLAY*. Ata da Conferência de 2013, Industrial and Systems Engineering Research Conference, San Juan, Porto Rico.

CAPÍTULO 15 – SUPERANDO OS LIMITES COM LEGO® SERIOUS PLAY®

I. Taleb, N. N. *Antifrágil: Coisas que se Beneficiam com o Caos.* Rio de Janeiro: Record, 2014.

II. Scharmer, C. O. *Teoria U: Como Liderar pela Percepção e Realização do Futuro Emergente.* Rio de Janeiro: Elsevier, 2014.

III. Ibidem.

IV. Chabris, C. e Simons, D. *O Gorilla Invisível: E Outros Equívocos da Intuição.* Rio de Janeiro, Rocco, 2011. www.theinvisiblegorilla.com.

V. Vugt, M. van *Naturalmente Selecionados: Por que Algumas Pessoas Lideram, por que outras Seguem e por que isso é Importante.* São Paulo: Cultrix, 2012.

VI. Sawyer, K. *Group Genious.* Nova York: Basic Books, 2007.

VII. Pinl, D. H. *Drive: The Surprising Truth about What Motivates Us.* Nova York: Riverhead Books, 2009.

VIII. Ariely, D. http://ed.ted.com/lessons/what-makes-us-feel-good-about-our-work-dan-ariely.

Sobre os autores

Robert Rasmussen e Per Kristiansen têm trabalhado com LEGO® SERIOUS PLAY® desde o início. Eles são os maiores técnicos no método LEGO SERIOUS PLAY, e ambos desenvolvem programas de treinamento de facilitadores e *workshops* para usuários finais através de suas empresas *Rasmussen Consulting* e *Trivum* na Europa, EUA, América Latina e Ásia. Eles escreveram diversos artigos sobre LEGO SERIOUS PLAY, mas *Construindo um Negócio Melhor Com a Utilização do Método LEGO® SERIOUS PLAY®* é seu primeiro livro.

Robert Rasmussen trabalhou no grupo LEGO de 1998 a 2001 como líder de pesquisa e desenvolvimento (P&D) para LEGO Education, e foi, entre outras funções, líder do time de desenvolvimento educacional LEGO *Mindstorms*, o produto mais vendido da história da Companhia LEGO. De 2001 a 2004, Robert dirigiu a Executive Discovery Ltd., que desenvolveu e lançou o programa LEGO SERIOUS PLAY. Ele é o principal arquiteto do método LEGO SERIOUS PLAY. Após diversos anos e mais de 20 interações, ele e seu time desenvolveram o conceito como é hoje, uma metodologia robusta e reproduzível.

Robert nasceu na Dinamarca. Ele possui mestrado em educação, psicologia e sociologia. Ele passou sua carreira aplicando experiências e teorias sobre aprendizado, ensino, criatividade e *play* para desenvolvimento educacional e organizacional. Por um período de 15 anos, ele trabalhou exaustivamente com projetistas e pesquisadores na Tufts University e no MIT Media Lab em Boston, no Estado de Massachusetts, para desenvolver e aplicar aprendizagem prática. Robert vive com sua esposa Jette em Assens, na Dinamarca.

Per Kristiansen se uniu à Trivium em 2006, anteriormente, por um breve período, ele fez parte da equipe de gestão na Danfoss Universe, um parque científico único, que também oferece processos de inovação para organizações. O método LEGO SERIOUS PLAY fazia parte das atividades do parque.

Per passou vários anos trabalhando no grupo LEGO, primeiro como agente de mudança na área pré-escolar, onde ele era o braço direito do diretor da marca global. Então ele entrou nas atividades com LEGO SERIOUS PLAY, primeiro na Executive Discovery, uma *start-up* que desenvolveu e gerenciou o método, e depois na LEGO. Inicialmente o papel de Per tinha duas abordagens: (1ª) principal instrutor junto com Robert e (2ª) responsável pelo LEGO SERIOUS PLAY na Europa e no Oriente Médio. Quando a Executive Discovery foi fechada e o LEGO SERIOUS PLAY se tornou parte da LEGO, Per assumiu o papel de gestor global do LEGO SERIOUS PLAY.

Per possui mestrado em negócios interculturais e passou sua carreira ajudando empresas a acelerar processos de mudança e inovação, e desenvolvendo estratégias robustas. Ele se estabeleceu e trabalhou na Itália, Escandinávia e no Reino Unido. Agora vive em Copenhague com sua esposa Christina e seus dois filhos.

DVS EDITORA

www.dvseditora.com.br